규봉스님
금강경

금강경오가해설의
金剛經五家解說誼

규봉스님
금강경

원순 역해

도서
출판 법공양

『금강경오가해설의』를 저자별로 엮으며

들어가는 말

1981년 해인사 성철 큰스님께서 조계종 종정으로 취임하면서 내린 법어 가운데 "산은 산이요 물은 물이로다."라는 유명한 구절은 지금까지도 세상 사람들의 귀에 익숙한 말입니다. 그러나 그 구절이 조계종 전통강원에서 수백 년 동안 배우고 있는『금강경오가해설의金剛經五家解說誼』에도 나와 있음을 알고 있는 사람은 그렇게 많지 않습니다.『금강경』5장에서 "존재하는 '온갖 모습'은 다 허망한 것이니 '온갖 모습'에서 '허망한 모습이 아닌 참모습'을 보면 곧 여래를 보느니라.(凡所有相 皆是虛妄 若見諸相非相 卽見如來)"라고 하는 대목에서, 야부 스님은 "산은 산이요 물은 물이로다. 부처님은 어느 곳에 계시는고?(山是山 水是水 佛在何處)"라고 물으면서 이 단락의 뜻을 풀이하였습니다.

산은 산이요 물은 물이로다.
부처님은 어느 곳에 계시는고?

어떤 모습 있다 하여 찾는다면 모두 거짓
형상 없어 안 본다면 이것 또한 삿된 소견
당당하고 깊은 고요 어찌 틈이 있을 건가
한 줄기로 뻗는 섬광 온 허공이 환해지네.

금강경

『금강경』은 조계종에서 중요하게 여기는 경전으로 한국불교에서 가장 많이 읽히는 경전인데 대승불교의 교리 및 기본 사상을 가장 함축적으로 표현하고 있습니다. 부처님과 수보리의 문답으로 이어지는 문장은 짧고 간결하면서 반복되는 측면도 많습니다. 그만큼 집중적이고 매력적이면서 오묘한 뜻을 담아내고 있지만, 보는 각도에 따라 다양한 해석이 가능하여 자신의 근기에 맞추어 얼마만큼 제대로 이해하느냐가 중요한 관건입니다.

이 경전이 중국에서 번역된 뒤로 나름대로 그 뜻을 정확하게 이해하기 위하여 선종과 교종에서 출가자와 재가자의 구분을 떠나 수많은 선지식들이 '금강경 뜻풀이'를 하였고, 그 결과 오늘날 수많은 '금강경 뜻풀이 책'들이 있습니다. 육조혜능 스님도 그 당시에 알려진 뜻풀이 책들이 800여 종이 넘는다 하였으니, 그 뒤로 오늘날까지도 수많은 사람들에 의해 끊임없이 금강경 뜻풀이 책들이 나오고 있어 그 수를 헤아릴 수 없을 정도입니다. 역자 또한 2009년 『조계종 표준 금강경』이라는 이름으로 발간된 책을 보고, 표준이 되는 『금강경』이

라면 모든 사람들이 쉽게 그 뜻을 이해하며 읽을 수 있는'우리말 금
강경'이 되어야 한다는 생각에서 2010년 5월『우리말금강반야바라
밀경』을 엮어 출간하였습니다. 이것도 넓은 의미에서'금강경 뜻풀
이 책'이라고 생각합니다.

오가해설의五家解說誼

이 많은'금강경 뜻풀이 책' 가운데 역사적으로 검증된 중국의 큰스님
다섯 분인 규봉종밀, 육조혜능, 부대사, 야부도천, 예장종경의 해설을
묶어 놓은 것이 바로『금강경오가해』입니다. 저마다 개성이 다른 다
섯 분의 주석을 누가 언제 무슨 의도로 골라 편집했는지는 알 수 없습
니다. 1417년 조선시대 무학대사의 상수제자 함허득통 스님이 자신
의 견해로 금강경 뜻풀이를 해나가면서 큰스님 다섯 분의 해설에 당신
의 견해를 덧붙여 놓은 것이『금강경오가해설의』입니다. 따라서'오
가해'는'중국 큰스님 다섯 분의 금강경 풀이'라는 뜻이고'설의說誼'는
'이 다섯 분의 금강경 풀이를 더 자세하게 설명해 가면서 덧붙여 금강
경 경문 풀이도 해 놓은 것'입니다. 따라서『금강경오가해설의』는 여
섯 분의'금강경 뜻풀이'가 들어 있는 책입니다.

여섯 분의'금강경 뜻풀이'는 규봉의'찬요纂要', 육조의'해의解義', 부
대사의'찬讚', 야부의'송頌', 종경의'제강提綱' 순으로 되어 있고, 함허
득통 스님은 금강경의 원문과 야부의 송, 종경의 제강에 주로 설의를
붙였습니다. 육조와 부대사에 대해서는 육조 스님의 서문과 부대사

의 마지막 게송에만 설의를 붙였습니다. 함허득통 스님의 설의는 다섯 분의 뜻풀이를 충실하게 따라가며 더 자세한 해설을 덧붙여 전체 뜻을 드러내고자 하였습니다.

왜 저자별로 엮으려고 하는가

여섯 분의 해설서인 『금강경오가해설의』가 대대로 내려오며 많은 이들에게 '금강경 지침서'가 되었습니다. 그런데도 굳이 이 책을 여섯 선사 각각의 해설서로 나누어 엮으려는 것은 '금강경오가해설의'를 번역하는 동안 이 책의 독특한 구성으로 인해 이 경을 처음 보는 사람들이 내용을 이해하기 힘들겠다는 생각이 들었기 때문입니다.

'금강경오가해설의'의 구성을 살펴보면 먼저 '금강경 원문'이 나옵니다. 그리고 규봉, 육조, 부대사, 야부, 종경의 글들이 이어지며, 이 내용들에 함허 스님의 설의가 곁들여지고 있습니다. 규봉의 찬요纂要는 '금강경의 중요한 뜻을 모아 풀이해 놓았다'는 것입니다. 육조의 해의解義는 '금강경의 이치를 풀어놓았다'는 뜻이며, 부대사 찬讚은 '금강경의 뜻을 찬탄한다'는 것이고, 야부의 송頌은 '금강경의 뜻을 간결하게 게송으로 풀었다'는 것입니다. 종경의 제강提綱은 '게송으로 금강경의 골격을 잡아가며 골수를 잡아내었다'는 말입니다. 함허의 설의說誼는 '금강경오가해를 이해할 수 있는 올바른 이치를 설했다'는 것이니 이들 모두는 총체적으로 '금강경 뜻풀이'라 할 수 있습니다.

그런데 찬요, 해의, 찬, 송, 제강, 설의 등 이 글들의 관점이 갖고 있는 힘과 성격이 확연히 달라 마치 ‘금강경’의 한 장면을 여섯 분이 자신의 개성을 드러내 특색 있는 문학작품으로 표현해 낸 것과 같습니다. 여러 사람의 글이 자신의 고유한 색깔을 지니고 한 곳에 모여 있으니 처음 경을 보는 사람들은 여러 선사들의 의도와 뜻을 헤아려 보기에도 벅찰 수 있습니다. 또한 원문에서 말하고자 한 것이 무엇인지 그 근본을 놓치고 곁가지에 집착하여 붙들고 있는 격이 되기도 쉽습니다.

게다가 ‘금강경오가해설의’를 읽다보면 원문에 대한 선사들의 해석이 서로 다른 부분들도 많아 자칫 그 뜻을 이해하기 힘든 독자는 혼란스러울 수도 있으며, 한 원문에 여섯 선사의 글을 배치하다 보니 어느 분의 글은 그 원문과 바로 맞추어 볼 수 없는 곳에 놓이기도 합니다. 그러하므로 이 여섯 분의 금강경 뜻풀이를 저마다 각각의 ‘금강경 해설서’로 독립시켜 책으로 내게 되었습니다. 이 금강경을 공부하고자 하는 독자를 위해 하나의 고유한 색깔을 지닌 읽기 편한 해설서가 될 것이라 생각되었기 때문입니다.

‘금강경’을 공부하는 사람들 가운데는 ‘금강경’을 오가五家의 해설로 읽고자 하는 이들도 있을 것이고 ‘금강경오가해’를 보고 특히 어느 한 분의 해설이 좋아 그 분의 해설만 읽고자 하는 이들도 분명 있을 것입니다. 그러므로 ‘금강경오가해설의’를 이렇게 여섯 권으로 나누어 출간함으로써, 이미 번역본으로 나와 있는 『금강경오가해설의』와 더불어 공부하는 사람들을 배려하고자 했습니다.

부처님께서는 중생의 인연에 맞게 팔만사천법문을 설하셨다고 합니다.『금강경오가해설의』와 인연 있는 이들을 위하여 이것을 여섯 권으로 나누어 출간하는 역자의 의도 또한 부처님 뜻에 수순하는 것이라고 생각합니다.

깨달은 분 존경 받는 석가모니 부처님과
이 세상의 모든 이치 담아내는 반야삼공
이 가르침 드러내고 유통하는 보살님께
머리 숙여 절 하오니 제가 쓰는 이 글이
중생들의 이익 되게 보살핌을 주옵소서.

이 책을 끝으로『금강경오가해설의』여섯 권을 완간하는 제 마음이, 규봉 스님께서 '찬요'를 저술하시며 간곡한 뜻을 담아 서문에 쓰신 이 게송과 같습니다.『금강경』에 대한 새로운 안목을 갖추게 하는 규봉 스님과의 인연으로 마음이 활짝 열리시기 바랍니다.

2013년 1월 26일
조계총림 송광사 인월행자 두 손 모음

『금강경오가해설의』 저자소개

함허득통涵虛得通(1376~1433)

함허득통은 조선 초기의 스님이다. 함허涵虛는 당호이고 득통得通은 법호이다. 1396년 21세 때 세상살이의 허무함을 느껴 관악산 의상암義湘庵으로 출가하고 이듬해 회암사檜巖寺로 가서 무학왕사無學王師에게 가르침을 받았다. 이후 여러 곳을 다니며 정진하다가 다시 회암사로 돌아와 홀로 수행에 전념해 깨달음을 얻고 무학대사의 법을 이었다. 1406년 문경 대승사에서 반야경을 세 차례 강의 하였다. 1414년 황해도 자모산慈母山 연봉사烟峰寺에서 작은 거처를 마련하여 '함허당涵虛堂'이라 이름하고, '금강경오가해'를 강의하면서 풀이하였는데, 이것이 뒷날 '설의'라 하여 '금강경오가해'에 합쳐져 『금강경오가해설의』라는 제목을 가진 책이 되었다.

스님은 조선시대 억불정책으로 어려움이 많았던 불교계와 왕실 양쪽에서 신임을 받아 강의와 저술 활동을 활발하게 하였다. 1431년 희양산曦陽山에 들어가 봉암사鳳巖寺를 중수重修하고 그곳에서 입적하였다. 저서에 『원각경소圓覺經疏』『금강경오가해설의金剛經五家解說誼』『현정론顯正論』『반야참문般若懺文』『금강경윤관金剛經綸貫』『선종영가집설의禪宗永嘉集說誼』 등이 있다.

규봉종밀圭峯宗密(780~841)

중국 화엄종 제5조로서 당나라 스님인데 성은 하씨이고 휘는 종밀, 호가 규봉圭峰이며 시호는 정혜定慧이다. 807년 과거시험을 보러가다가 도원道圓 스님의 법문을 듣고 출가하였다. 스님은 일찍이 선종 사람들이 자신만이 옳다고 주장하며 서로 다투는 것을 보고『선원제전집禪源諸詮集』100권을 저술하여 선종과 교종이 근본에 있어서는 하나의 이치로 통하고 있다는 것을 정리하여 선교일치禪敎一致를 주장하였다.

　　지금은 없어진『선원제전집』의 서문 격인『선원제전집도서』는 후학들에게 선과 교에 대한 안목을 열어 주는 데 있어 대단한 도움을 주는 책이다.『화엄경윤관華嚴經綸貫』15권,『원각경대소석의초圓覺經大疏釋義抄』13권,『금강반야경소론찬요金剛般若經疏論纂要』2권,『기신론소주起信論疏注』4권 등 많은 저술을 남겼다.

육조혜능六祖慧能(638~713)

중국 선종의 6대조이다. 속성은 노盧씨로 당나라 태종 정관 12년에 지금의 광동성 조경부 신흥에서 태어났다. 세 살 때 아버지를 여의고 집이 가난해 제대로 배우지 못했으나 스물네 살 때 혜능은 장터에서 어떤 스님이『금강경』읽는 소리를 듣고 발심해 오조 스님에게 인가를 받고자 찾아가니 스님은 혜능의 공부를 첫눈에 알아보았다. 이 인연으로 혜능 스님은 오조 스님에게 가사와 법을 받고 선종 6대 조사의 지위를 잇게 되었지만 그를 시기하는 사람들을 피하여 남쪽으로 내려 가야 했다. 그쪽에서 열여섯 해를 은둔하던 중 의봉원년儀鳳元年 676년 법성사에서 인종 법사를 만나 삭발하고 비로소 구족계를 받았다.

다음 해부터 소양韶陽 조계曹溪 보림사寶林寺에서, 바로 사람의 마음을 가리켜 참성품을 보면 단숨에 깨달아 부처님이 된다는 '직지인심直指人心 견성성불見性成佛'이라는 '돈오법문頓悟法門'을 크게 일으키니, 북쪽 지방에서 신수 스님이 '점차 닦아나가면서 점차 깨달아야 한다'는 '점수점오漸修漸悟'의 법문을 하고 있던 것과 대조를 이루게 되어 이 시대를 역사적으로 '남돈북점南頓北漸' 또는 '남능북수南能北秀'라고 하였다.

저서로는 『육조단경六祖壇經』과 『금강경구결金剛經口訣』이 남아 있다. 당나라 현종 개원開元 1년(713) 8월 국은사國恩寺에서 76세로 입적했다. 육조 스님은 육신이 썩지 않고 그대로 남아 지금까지 보존되어 있는 육신보살이다. 그의 법을 이은 제자들이 40여 명이나 되었다. 그 가운데 하택신회荷澤神會, 남양혜충南陽慧忠, 영가현각永嘉玄覺, 청원행사靑原行思, 남악회양南嶽懷讓 등이 유명하였다. 그 밑으로 훌륭한 스님들이 많이 나와 중국의 선종이 번창하여 임제종, 조동종과 같은 오가칠종五家七宗이 형성되었다.

부대사傅大士(497~569)

남조南朝 동양東陽 오상현烏傷縣 사람이니 성은 부傅이고 이름은 흡翕이며 자字가 현풍玄風이다. 사람들이 성을 따라 부대사傅大士 또는 지명을 따라 동양대사東陽大士나 오상대사烏傷大士라고 불렸지만 그는 스스로 '당래해탈當來解脫 선혜대사善慧大士'라고 하였다. 어려서 마을 사람들과 어울려 물고기를 잡을 때 대나무 광주리에 잡은 물고기가 가득 차면 깊은 물속에 광주리를 담가놓고 "갈 놈은 가고 남을 놈은 남아라." 하니, 사람들이 그를 어리석은 아이라고 하였다.

열여섯 살에 결혼하여 보건普建, 보성普成 두 아들을 낳고 기수沂水에서 고기를 잡고 살아가다가 스물네 살 때 인도 승려 숭두타嵩頭陀를 만나 불도에 뜻을 두게 되었다. 송산松山에서 낮에는 일하고 밤에 도를 닦아 고행을 시작한 지 7년 만에 깨달음을 얻었으니 자못 신기한 일들이 많았다.

또한 대사는 안에다 경전을 안치하고 밖에서 이것을 돌리는 '윤장輪藏'을 처음 만들어 많은 사람들이 이를 돌림으로 부처님의 가르침과 인연을 맺게 하였다. 이 인연으로 뒷날 세상 사람들이 윤장을 만들 때 부대사와 그의 아들 보건과 보성 세 사람의 형상을 안치하였다. 부대사의 저서에는 『선혜대사어록善慧大士語錄』 4권과 『심왕명心王銘』 등이 전한다.

야부도천冶父道川

중국 송나라 때 임제종 스님이다. 강소성江蘇省 고소姑蘇 옥봉玉峰 사람으로서 속성이 적狄씨이다. 처음 동제겸東齋謙 스님 밑에서 공부를 하다가 크게 깨치고 건염建炎(1127~1130) 초에 천봉天峰으로 가서 정인사淨因寺 반암蹣庵 계성繼成 문하에서 인가를 받고 그의 법을 이어 임제종 후손이 되었다. 뒷날 다시 동제東齋 스님한테 돌아가 법을 펼치니 출가한 스님들과 세상 사람들이 그의 법력을 흠모하였다. 『금강경』에 대한 세상 사람들의 질문에 스님이 게송으로 답하니, 이것이 유명한 『천로금강경주川老金剛經註』이다. 안휘성安徽省 야부산冶父山 실제선원實際禪院 주지를 역임하였지만 그 분이 언제 태어나서 언제 입석했는가는 확실하지 않다.

예장종경豫章宗鏡

자세히 알려진 기록이 없다. 명나라 가정嘉靖 30년(1551) 당련서堂連序에 의하면 종경 선사는 나한의 한 분으로 지혜와 자비가 넘치신 분이라고 하였다. 종경 선사는 양나라 소명태자가 서른두 가지로 나눈 단락에 의하여 금강경의 뜻을 풀이하였는데, 이 풀이에 제강提綱, 요지要旨, 장행長行, 결류結類, 송경頌經, 경세警世, 귀결정토歸結淨土라는 일곱 가지 제목을 붙였다. 이 중 『금강경오가해』에 실린 것은 첫번째 '제강提綱'의 내용이다.

무착과 세친의 뜻으로 본 금강경

금강경은 부처님과 수보리의 문답으로 구성되어 있습니다. 부처님 말씀을 듣고 수보리가 의심을 일으키면, 부처님께서 이를 알아차리고 다시 수보리에게 질문을 하여 의심을 풀어주면서, 대승불교의 핵심적인 내용을 펼치고 있습니다.

이 경에서 수보리가 일으킨 의문은 무려 27가지나 됩니다. 27가지 의문은 서로 긴밀하게 연관되어 복잡한 관계를 이루므로 옛 어른들은 이를 일러 '넝쿨 반야'라고 하였습니다. 넝쿨이 얽힌 것처럼 복잡하다는 뜻입니다. 그러나 금강경을 제대로 알려면 이 27가지 의문을 어떻게 끊어야 하는지 반드시 알아야 합니다. 그래서 이 27가지 의문을 '이십칠단의二十七斷疑'라고 하여 예로부터 금강경을 공부하는 사람이라면 꼭 알아야 할 과제로 여겼습니다.

이 '이십칠단의'를 중심으로 금강경의 본뜻이 잘 드러나도록 풀이한 것이 『규봉 스님 금강경』이라고 할 수 있습니다. 규봉 스님은 금강경을 풀이하면서 무착 보살과 세친 보살의 『금강경론』을 바탕으로 하고 있습니다.

무착 보살과 세친 보살의 금강경론

무착 보살은 범어로는 '아상가(Asaṅga)'라고 하며 인도 대승불교 유식파의 대학자로 4~5세기경 북인도 건타라국에서 활동하였습니다. 처음에는 소승불교에 속해 있었으나 대승불교에 귀의하면서 모든 집착을 버렸다는 '무착無着'이라는 법호를 갖게 되었습니다. 무착 보살은 유식파의 창시자로 유명한데 미륵 보살의 가르침을 받았다고 합니다. 무착 보살은 선정에 들어가 도솔천에 올라 미륵 보살을 친견하고 80게송을 받게 되는데 이 게송을 바탕으로 금강경을 풀이하여 『금강반야론』2권을 지었습니다.

세친 보살은 범어로는 '바수반두(Vasubandhu)'라고 하며 '천친'이라고도 불립니다. 세친 보살도 처음에는 소승불교를 공부하였으나 뒤에 형 무착 보살의 권유로 대승불교로 전향하였습니다. 무착 보살에게 『금강반야론』을 전해 받은 세친 보살은 이 경의 뜻을 밝히기 위해 다시 『금강반야바라밀경론』3권을 짓게 됩니다. 이 두 보살님의 경론을 구별하기 위해서 무착 보살이 지은 것을 『무착론』이라 하고, '세친'은 '천친'이라고도 하기에 세친 보살이 지은 것을 『천친론』이라 부릅니다.

이 두 경론은 금강경 해석의 표준이 되어왔는데, 경을 해석하는 방식은 다릅니다. 무착 보살은 경문의 내용을 '부처님의 가르침을 실천하며 머물 곳'인 '십팔주十八住'를 기준 삼아 18가지로 나누어 설명하였습니다. 그리고 십팔주를 십주, 십행, 십회향, 보살십지 등 보살의 위치에 배대하여 십팔처에 머무르며 닦아 올라가는 순서를 은밀히 보여주고 있습니다. 세친 보살은 『금강경론』을 '이십칠단의'로 풀어 '스물일곱 가지 의심'을 해결하면서 경에서 말하고자 하는 부처님 가르침을 분명하게 드러내고 있습니다.

규봉 스님 금강경의 구성

금강경은 양나라 무제의 태자였던 소명 태자가 나눈 서른 두 단락으로 보는 것이 일반적입니다. 그러나 소명 태자의 단락과 무착 보살의 십팔주, 세친 보살의 이십칠단의 단락 구성이 전혀 다릅니다. 무착 보살과 세친 보살 또한 같지 않기에 이 책에서는 두 보살의 경론에 따라 2부는 '무착의 칠종의구로 본 금강경', 3부는 '세친의 이십칠단의로 본 금강경'으로 나누었습니다.

2부에서 규봉 스님은 『무착론』을 경문 해석의 참고 자료로 삼아 개괄적으로 소개하고 있습니다. 『무착론』의 중심이라고 할 수 있는 '십팔주'를 간단히 설명하면서 순서대로 글을 풀이하지 않고 어려운 곳에서만 간략하게 중요한 대목만 들고 있습니다. 대신 3부에서 규봉 스님은 세친 보살이 풀이한 뜻을 가지고 과목을 나누어 풀이하되 무착 보살의 경론을 많이 참고하고 있습니다.

3부에서는 『천친론』을 중심으로 '정종분'을 전체적으로 풀어가고 있습니다. 정종분은 수보리의 질문으로부터 시작합니다. 수보리가 가르침을 청하며 "'더할 나위 없이 높고도 올바른 깨달음'을 얻고자 마음을 일으킨 선남자 선여인들은 어떻게 살아가야 하며(云何住), 어떻게 수행하여(云何修行), 어떻게 마음을 다스려야 합니까?(云何降伏其心)"라고 묻습니다.

부처님께서는 청을 받아들여 '어떻게 살아가야 하는가(云何住)'에 대해 바로 대답해 주십니다.

"위없는 깨달음을 얻고자 하는 이는 네 가지 마음에 머물러야 한다. 첫째, 삼계의 중생을 두루 제도하는 크고 넓은 마음이다. 둘째, '번뇌가 다 사라진 열반'에 들게 하여 제도해야겠다는 마음이다. 셋째, 헤아릴 수 없이 많은 중생을 제도하였지만 실로 제도된 중생은 하나도 없다고 생각하는 늘 같은 마음이다. 넷째, 나에 집착하는 견해가 끊어져 저절로 평등해진 모습을 얻으므로 나와 남이 평등하다는 사실을 믿고 아는 전도되지 않은 마음이다."

'어떻게 수행할 것인가(云何修行)'에 대해 부처님은 '육바라밀'을 닦을 것을 말씀하셨습니다. 보시만을 들어 이야기 한 것은 보시가 육바라밀 전체를 의미하기 때문이라고 미륵의 게송을 인용하여 밝히고 있습니다.

'어떻게 마음을 다스릴 것인가(云何降伏其心)'는 '어떻게 살아야 하는가'와 '어떻게 수행해야 하는가'를 설명하시면서 이미 말씀하셨습니다. 일체 중생을 제도하되 제도하였다는 생각을 내지 말아야 한다는 것입니다. 그리고 보시하되 얽매이는 마음이 없어야 한다는 것입니다.

수보리의 질문에 부처님이 답하셨기에 경이 끝나야 하지만, 수보리는 부처님의 가르침을 이해하지 못하고 마음속으로 27가지 의심을 일으키게 됩니다. 이에 수보리와 중생의 의심을 끊어주기 위해 부처님의 법문이 이어지며, 그 의심이 끊어질 때까지 계속 됩니다.

중생의 의심을 끊어주다

부처님께서 "어떤 모습에도 얽매임이 없이 보시하라."고 하자 수보리는 '부처님이 되려고 보시 하는 것도 상에 집착하는 것이 아닌가?(求佛行施住相)'라는 의심을 일으킵니다. 이것이 첫 번째 의심입니다. 부처님이 되기 위한 목적으로 보시를 한다는 것은 부처님의 모습을 상정해 놓고 그 상에 집착하는 것입니다. 그러므로 부처님 말씀대로 얽매임 없이 보시하는 것이 아닙니다. 또한 '어떤 모습에도 집착하지 않는 보시를 하는데 어찌 모습으로 드러나는 부처님이 될 수 있겠는가?' 하는 의심이 일어납니다.

의심을 끊기 위해서는 나타나는 모습으로 부처님을 삼지 말아야 하므로 세존께서 말씀하시기를 "'몸의 모양'으로 여래를 볼 수 있는 것이 아니다."라고 합니다. 이렇게 말씀하신 것은 부처님의 모습을 성취하여 여래의 몸을 얻는다는 생각을 막기 위한 것입니다. 부처님의 몸에 어떤 모습도 없을 뿐만 아니라, 모든 범부와 성인, 중생과 이 세상, 온갖 것에 집착하는 '유위有爲'의 모습들이 다 허망하니, 망념을 좇아 드러난 것이기 때문입니다.

그러면서 덧붙여 말씀하시기를 "온갖 모습에서 '허망한 모습이 아닌 참모습'을 보면 곧 여래를 보느니라."라고 하여 '색色'을 떠나 '공空'만 보는 잘못을 차단합니다. '온갖 모습이 허망하다'는 소리를 듣고 따로 '무상無相의 부처님 몸'만 찾을까 걱정되니, 그러므로 "모습에서 곧 '허망한 모습이 아닌 참모습'이 바로 여래이다."라고 말씀하신 것입니다.

이 의심에 이어서 두 번째 '인과가 너무 깊어 믿을 사람이 없다'를 설합니다. 이렇게 순차적으로 설해지는 27가지 의심은, 예를 들어 사람이 없다면 누가 중생을 제도하고 불국토를 장엄하는가, '살아가며 수행하고 마음 다스리는 것'도 내가 아닌가, 법이 없는데 어떻게 닦아 증득하겠는가 등등으로 오늘날에도 불법을 공부하는 사람이라면 마땅히 의문을 일으킬만한 것들입니다.

규봉 스님께서 풀이하신 이 금강경은 논리적인 글이라 그 흐름을 따라가는 것이 쉽지 않습니다. 그러나 규봉 스님의 논리를 따라가다 보면 금강경의 전체 구조를 볼 수 있게 되고 경에 대한 새로운 안목이 열리면서 금강경에 대한 이해가 깊어질 것입니다.

이 책을 펼쳐 수보리와 더불어 법회에 들어 의심을 일으키고 눈앞에서 부처님 말씀을 듣는 듯 경을 읽어 나간다면 이 경을 풀이한 규봉 스님을 만나 27가지 의심을 자연스럽게 끊어 '금강반야'를 얻게 될 것입니다.

2013년 2월 11일
조계총림 송광사 인월행자 두 손 모음

규봉 선사가 주석과 논의 요점을 모아 정리함

거울처럼 참마음은 본디 맑고 깨끗한 깃
그 마음에 비친 모습 원래부터 텅 빈 자리
꿈과 같은 알음알이 애초부터 없는데도
알음알이 그 속에서 중생 경계 있게 되니

이로 말미암아
어리석은 행동들이 되풀이 돼 버릇되고
그 버릇에 인과응보 끊임없이 이어져서
티끌 모래 합친 만큼 기나 긴 세월 속에
윤회 받는 온갖 고통 막을 길 전혀 없네.

함허설의

'마음'이란 텅 빈 충만 오묘 순수하여 신령스레 밝고 밝으니, 이는 예로부터 거울의 바탕이 본디 비고 밝아 걸림 없이 사물의 모습이 환하게 드러나는 것과 같다. 오묘하여 이름이나 모양(名相)을 붙일 단서가 없고, 맑고 맑아 능소能所로 나누어질 자취가 없다. 그러므로 "거울처럼 참마음은 본디 맑고 깨끗한 것"이라 말한다.

이 몸과 바깥세상을 모두 '마음에 비친 모습'이라 하니, 이는 아뢰야식[1]에서 허망하게 한 생각 일으킨 것이 이 몸과 바깥세상을 만들어낸 것이다. 만약 망념을 벗어나면 온갖 경계로 나타날 모습이 없으니, 그러므로 "마음에 비친 모습 원래부터 텅 빈 자리"라고 말한다.

'꿈과 같은 알음알이(夢識)'는 다만 깨어있지 못한 데에 있을 뿐이다. 마음이 늘 깨어 있다면 꿈과 같은 알음알이가 드러날 까닭이 없으니, 그러므로 "꿈과 같은 알음알이 애초부터 없는데도"라고 말한다.

'불각심不覺心'이 움직이는 것을 일러 '각명覺明'이라 하니, '각명'으로 인하여 비추는 작용을 일으켜 '견분見分'이 문득 일어나고, 비추는 작용으로 말미암아 망념이 생겨나 '상분相分'이 허망하게 펼쳐진다. 이에 중생의 몸이 문득 생겨나고 세계가 온갖 모습으로 달라지니 그러므로 "알음알이 그 속에서 중생 경계 있게 되니"라고 말한 것이다.

---

1. 아뢰야식阿賴耶識은 함장식含藏識, 곳간식(藏識)이라고 하는데 제팔식을 말한다. 이 식은 무시이래 모든 선과 악의 곳간이다. 이 곳간은 중생이 지은 선과 악의 종자를 다 저장할 수 있다는 능장能藏의 뜻과, 전칠식前七識의 심심소법心所法의 활동에 의하여 제팔식에 종자가 훈습되어 저장된다는 소장所藏의 뜻과, 제칠식이 제팔식의 견분見分을 나라고 집착하는 아애집장我愛執藏의 뜻이 있다.

몸이 이미 생겨나고 세계가 만들어짐에, 육근六根과 육진六塵이 서로 만나 알음알이란 거센 바람을 일으켜 '참깨달음'을 꿈속에 가두어 버리고, 그 거센 바람으로 일어난 번뇌가 '지혜의 눈'을 어둡게 한다.

중생계에 깊이 빠져 온갖 고생을 하면서 생사윤회가 끝이 없으니, 그러므로 "이로 말미암아 어리석은 행동들이 되풀이 돼 버릇되고, 그 버릇에 인과응보 끊임없이 이어져서, 티끌 모래 합친 만큼 기나긴 세월 속에, 윤회 받는 온갖 고통 막을 길이 전혀 없네."라고 말하는 것이다.[1]

그러므로 우리 부처님께서 모습을 나타내어
먼저 생멸의 인연을 설하고 고집멸도[2]를 깨닫게 하니
이미 '나'에 대한 집착을 없앴으나
아직 '법'에 대한 집착을 끊지 못하여
그 병의 뿌리까지 다 뽑으려 비로소 반야를 말씀하신다.

---

1. 함허 스님은 서문과 27단의 가운데 22번째 의심을 설명하는 부분 두 곳에만 설의를 붙였다.
2. 중생의 고통과 그 원인을 밝혀 수행을 통하여 고통의 원인을 제거하고 부처님 세상으로 들어가게 만드는 '네 가지 진리'라고 하여 '사제四諦'라고 한다. '고苦'는 중생의 고통으로서 사고四苦나 팔고八苦로 분류되기도 한다. '집集'은 고통의 원인으로서 '나'라는 욕망의 집착이 모여 온갖 고통을 가져온다. '멸滅'은 중생의 고통이 다 사라져서 편안해진 마음자리이니, '깨달음'이나 '열반'을 의미한다. '도道'는 중생의 고통을 가져오는 '나'라는 집착을 없애기 위하여 올바른 길로 나아가는 수행방편으로 보통 여덟 가지가 있다고 하여 팔정도八正道로 말하기도 한다.

분별하는 마음과 그 경계가 다 사라지면
곧 이것이 참마음이요
번뇌와 깨끗하다는 마음조차 다 없어지면
온갖 것이 맑고 깨끗하도다.

삼천대천세계가 상서롭게 빛나
열여섯 번의 '금강반야법회'가 환하게 드러나니
지금 전하는 바는 아홉 번째 법회에 해당하도다.

문장과 게송이 간략하나 암시적이고
그 뜻이 깊고 미묘하여
지혜로 온갖 집착을 타파하고
보시 하나에 온갖 보살행을 갖추었다.

십팔처十八處에 머무르며 닦아 올라가는 순서를 세밀히 보여주고
'스물일곱 가지 의심'을 해결하여 뜻이 막힘없이 다 통하니

먼저 '버리고 또 버리는 마음'이 아니라면
어찌 변함없는 '여여'와 하나가 될 수 있겠는가?

그러므로
부지런히 닦더라도 처음부터 끝까지 어떠한 모습도 없다.

이로 말미암아
가르침과 그 이치가 모두 은밀하고
수행과 결과에 깊고 깊은 이치를 다 갖추니
입으로 외우는 사람은 소털처럼 많으나
마음이 통한 사람은 기린 뿔처럼 희귀하다.

혹 한쪽으로 개념과 모양에만 빠지기에
드러난 현상에 집착하여 종지에 어긋나고
혹 하나의 참된 것만 옳다고 말하기에
근원만 바라보고 그 갈래에 어리석으니
나머지 억측으로 하는 이야기야 논할만한 가치도 없다.

갠지스 강 모래 수만큼 많은 진귀한 보배와
아침 점심 저녁으로 목숨을 바쳐 보시해도
그 복덕이 가르침의 공덕에 미치지 못함이
어찌 부질없이 하는 말이겠느냐?

또 세친과 무착은 미륵 보살을 스승으로 모셨는데
후학들이 어찌 글을 보태거나 덜었다고 의심하는가?

그러므로 지금 서술하는 바는 다른 주장을 논박하는 것이 아니요, 세친과 무착의 글을 풀이하는 것이니 세친이나 무착의 글과 다름이 없다.

'찬요纂要'라는 말의 뜻과 경의 제목은 다음에 풀이하니 번거롭게 미리 말하지는 않겠다.

> 깨달은 분 존경 받는 석가모니 부처님과
> 이 세상의 모든 이치 담아내는 반야삼공[1]
> 이 가르침 드러내고 유통하는 보살님께
> 머리 숙여 절 하오니 제가 쓰는 이 글이
> 중생들의 이익 되게 보살핌을 주옵소서.

---

1. 반야삼공은 아집을 타파하는 '아공我空', 법집을 타파하는 '법공法空', 아공과 법공 조차 함께 놓아 버리는 '구공俱空' 세 가지를 말한다.

차례

1부. 과목과 서분 해설

2부. 무착의 칠종의구로 본 금강경

일러두기

1. 이 책은 1997년 대한불교조계종 교육원에서 펴낸『금강경전서』
   가운데『금강경오가해』중 '규봉 스님 찬요纂要' 부분과 '함허 스님 설의說誼'만
   번역하여『규봉 스님 금강경』으로 출간한 것이다.

2. 이 책에 있는 '금강경 한글번역'은 저자가 풀이한
   『우리말 금강반야바라밀경』(2010년 도서출판 법공양)이 저본이다.

3. 규봉 스님이『금강』을 풀이하면서 인용한 '게송'은『미륵의 80송』이요,
   논은『천친론』이다.『미륵 80송』과『천친론』을 기본으로 하였기에
   규봉 스님은 따로 본문에서 인용한 책 이름을 밝히지 않고,
   그냥 '게송'과 '논'으로 표현하였다.

4. 금강경 목차는 대부분 중국 양나라 소명 태자가 정리한 것을 따르나,
   이 책에서는 규봉 스님의 과목 차례에 따라 나누었고
   독자의 이해를 돕기 위해 임의대로 1부, 2부, 3부로 나누었다.

5. 과목은 장, 절, 1, 1), (1), 가, 가), (가)의 8단계로 나누어져 있다.

6. 연관 스님께서 1996년에 펴낸『금강경간정기』를 참조하였다.

7. 함허 스님이 본문에 설의를 한 곳에만 붙였으므로 설의를
   '함허 주'로 표기했다.

8. '규봉 스님의 서문'과 이 서문에 대한 '함허 스님 설의' 한문 원문은
   독자의 편의를 위하여 부록으로 덧붙여 놓았다.

9. 한문원문에 달아놓은 한글현토는 번역문을 읽고 대조할 때
   참고로만 볼 일이다.

1부

과목과
서분 해설

圭峰 科段解釋

將釋此經 未入文前 懸叙義門 略開四段

1장. 辨敎起因緣

2장. 明經宗體

3장. 分別處會

4장. 釋通文義

1장. 辨敎起因緣

1절. 摠論諸敎

謂 酬因 酬請하려 顯理度生也니라.

若據佛本意則 唯爲一大事因緣[1]故로 出現於世하니

欲令衆生 開佛知見等케하다.

---

1. 모든 부처님과 조사 스님들이 이 세상에 나오신 뜻은 중생이 생사의윤회에서 벗어
   나도록 하는 데 있으니, 이를 '일대사인연一大事因緣'이라고 한다.
   『법화경』에서는 다음과 같이 말하고 있다.
   "모든 부처님께서는 중생들이 부처님의 지견을 열어 맑고 깨끗한 마음을 얻게 하
   려 이 세상에 나타나신 것이며, 중생에게 부처님의 지견을 보이려고 이 세상에 나타
   나신 것이며, 중생들이 부처님의 지견을 깨닫게 하려 이 세상에 나타나신 것이며,
   중생들이 부처님의 지견에 들게 하려 이 세상에 나타나신 것이다. 사리불이여, 이
   것이 모든 부처님께서 오직 일대사인연으로 이 세상에 나타나시는 까닭이다."

규봉이 단락을 정리하여 풀이한다

이 경을 풀이하면서 본문에 들어가기 전에 미리 그 내용을 드러내 간략하게 네 부분으로 정리하려고 한다.

1장. 가르침을 펼치게 된 인연

2장. 이 경의 '종지(宗)'와 그 '바탕(體)'을 밝힘

3장. 이 가르침을 설한 법회의 장소와 횟수를 밝힘

4장. 금강경 문장 내용을 풀이하여 뜻을 통하게 하다.

1장. 가르침을 펼치게 된 인연

1절. 부처님의 모든 가르침을 통틀어 논함

이는 부처님께서 공부하실 때 세운 '모든 중생을 제도하겠다는 원력(因)'과, 부처님께서 불도를 이루었을 때 '범천왕과 제석천이 깨달음의 내용을 설파해 주시기를 간청한 것(請)'에 보답하려고 '깨달음의 이치를 드러내 중생을 제도하려는 것'을 말한다.

만약 부처님의 본뜻에서 말한다면, 오직 '일대사인연'으로 세상에 출현하신 것이니, 모든 중생에게 '부처님의 지견知見'을 열어 주려는 것이다.

2절. 別顯此經 於中 有五

1. 爲對除我法二執故

由此二執 起煩惱所知二障때문이다.

由煩惱障 障心 心不解脫로

造業受生하여 輪廻五道요

由所知障 障慧 慧不解脫 不了自心으로

不達諸法性相이니

縱出三界라도

亦滯二乘하여 不得成佛故로 名障也라.

二執 若除하면 二障 隨斷이니 爲除二執하려 故說此經이다.

2. 爲遮斷種現二疑故

謂 遮未起種子之疑하고 斷現起現行之疑니

卽經中에 答所問已하며 便躡迹 節節斷疑하여

乃至經終 二十七段이다.

2절. 이 경전의 가르침을 따로 드러냄

1. 아집과 법집을 없애기 위한 것이다

이 두 가지 집착이 '번뇌장'과 '소지장'을 일으키기 때문이다.

'번뇌장'이 마음에 장애를 일으켜 자유롭지 못하므로 업을 지어 중생의 삶을 받아 육도에 윤회하는 것이요,

'소지장'이 지혜에 장애를 일으켜 지혜롭지 못해 자신의 참마음을 알지 못하므로 온갖 법의 성품과 모습을 통달하지 못하는 것이니, 설사 삼계를 벗어난다 하더라도 이승에 머물러 성불하지 못하기 때문에 이를 일러 '장애'라 한다.

두 가지 집착을 제거하면 두 가지 장애가 저절로 끊어지니, 두 가지 집착을 제거하려 이 가르침을 설한다.

2. 종자와 현행 두 가지 의심을 차단하기 위한 것이다

아직 일어나지 않은 종자種子에 대한 의심과 이미 일어난 현행現行에 대한 의심을 차단하기 위한 것이다. 경에서 물음에 대한 답을 하면서, 묻는 것마다 차근차근 의심을 끊어 이 경을 마칠 때까지 스물일곱 가지 의심을 해결하는 부분이다.

3. 爲轉滅輕重二業故

轉重業 令輕受케하고 滅輕業 令不受케하다.

4. 爲顯示福慧二因故

佛成正覺하고 未說般若之前은 衆生은 由無妙慧[1] 施等住相으로

皆成有漏이거나 或滯二乘이다.

故로 談般若하고 顯示妙慧하여 爲法身因하고 五度로 爲應身因이라.

若無般若라면 卽施等五도 非波羅蜜이므로 不名佛因이다.

故로 須福慧二嚴하여야 方成兩足尊也이다.

5. 爲發明眞應二果故

謂 未聞般若之前은 但言 色相是佛이라하고

不知 應化 唯眞之影이므로 不如實見眞身應身[2]이다.

故로 此發明二果하여 令知由前二因證得이니라.

---

1. 묘혜妙慧는 반야바라밀로 곧 지혜바라밀이다.
2. 부처님은 본디 모습의 '진신眞身'과 이 진신이 중생의 근기에 따라 모습이 달라지는 '응신應身'이 있지만, 진신 자체는 오고 가면서 모습이 달라지더라도 실체는 달라질 게 없다. 이 뜻을 알지 못하는 사람들은 '부처님의 몸'에 '진신'과 '응신'의 차별이 있다고 생각하는 것이다.

3. 가볍거나 무거운 죄업을 점차 없애주기 위한 것이다

무거운 죄업은 가볍게 받게 하고, 가벼운 죄업은 아예 없애주는 것이다.

4. 복덕과 지혜의 두 가지 '인因'을 드러내기 위한 것이다

부처님께서 깨달음을 이루시고 반야를 말씀하시기 전까지는, 중생은 오묘한 지혜가 없어 보시에 집착함으로 이들이 보시하여 얻은 복은 모두 유루복이 되거나 더러는 이승에 머무르게 된다.

그러므로 반야를 말하고 오묘한 지혜를 드러내어 법신이 되는 '인因'을 삼고, 나머지 다섯 가지 바라밀로 응신이 되는 '인因'을 삼는다. 반야가 없다면 보시·지계·인욕·정진·선정 이 다섯 가지도 바라밀이 아니므로 부처님이 될 '인因'이라고 하지 않는다. 그러므로 복덕과 지혜 이 두 가지를 다 장엄하여야 비로소 '복덕과 지혜를 다 갖추신 양족존兩足尊'이 된다.

5. 진신과 응신을 드러내기 위한 것이다

아직 반야의 법문을 듣기 전에는 다만 겉으로 드러나는 모습만 부처님이라 여기고, 응신, 화신이 단지 '진신'의 그림자인 줄 몰랐기에 '진신'과 '응신'을 여실하게 보지 못한다.

그러므로 부처님이 된 결과로 나타나는 '진신'과 '응신'을 드러내어, 이것이 앞에서 말한 복덕과 지혜의 '인因'으로 증득한 것임을 알게 한다.

2장. 明經宗體 中二

1절. 宗者

統論佛教라면 因緣爲宗이다.

別顯此經이면

則實相般若[1] 觀照般若가 不一不二로 以爲其宗이다.

以卽理之智로 觀照諸相故로

如金剛能斷一切이고

卽智之理가 是爲實相故로

如金剛堅牢難壞이다.

萬行之中에 一一不得昧此이니 故로 合之하여 以爲經宗이다.

2절. 體者

文字般若가 卽是經體이다.

文字 卽含聲名句文이지만

文字性空이어서 卽是般若이다.

無別文字之體이다.

故로 皆含攝이어

理無不盡하니 統爲教體이다.

---

1. 반야를 실상반야, 관조반야, 문자반야로 나누기도 한다. 실상반야는 무명 너머 부처님의 본래 마음자리이고, 관조반야는 본래 마음자리에서 나오는 온갖 지혜를 말하며, 문자반야는 문자 속에 이 도리가 들어 있다는 것이다.

44

2장. 이 경의 '종지'와 그 '바탕'을 밝힘

1절. 종지(宗)란

부처님의 가르침을 통틀어 논한다면 인연법으로 종지를 삼고 있다. 이 경에서 달리 말하자면 '실상반야'와 '관조반야'가 같은 것도 아니요 다른 것도 아닌 '불일불이不一不二'로서 종지로 삼는다.

'이理' 자체인 '지혜'로 온갖 모습을 관조하기에 금강이 모든 번뇌를 끊어내는 것과 같고, '지혜' 자체인 '이理'가 실상이 되기에 부서지기 어려운 금강과 같다.

온갖 보살행을 실천하는 그 어떤 수행도 이 사실을 모르고 해서는 안 되니 그러므로 이런 내용을 종합하여 경의 종지로 삼는다.

2절. 바탕(體)이란

'문자반야'가 곧 이 경의 바탕이다.

문자에는 소리, 개념, 글귀, 문장들이 들어있지만

그 문자의 성품 자체가 공이어서 곧 반야이다.

따로 문자의 바탕은 없다.

그러므로 문자반야로 모두 다 거두어 그 이치로 해결하지 못할 의심이 없으니, 이를 통틀어 '가르침의 바탕'으로 삼는다.

3장. 分別處會 中二

1절. 總明佛說大部處會

中二이니 初는 六百卷文이 四處十六會說이다.

王舍城鷲峯山에 七會(山中四會 山頂三會) 二는 給孤獨園 七會

三은 他化天宮摩尼寶藏殿 一會

四는 王舍城竹林園白鷺池側 一會이다.

後 此經은 即第二處第九會이고

第五百七十七卷이다.

2절. 別明傳譯此經時主

前後六譯이라 一은 後秦 羅什이다.

二는 後魏 菩提流支[1]인데 兼譯 天親論三卷이다.

三은 陳朝 眞諦[2]인데 兼譯 金剛仙論 及本記四卷이다.

四는 隋朝 笈多[3]인데 兼譯 無着論兩卷이다.

五는 唐初玄奘인데 又 日照三藏[4]은 譯功德施論二卷也이다.

---

1. 보리류지는 중국 위진남북조시대(220-589)에 경전을 번역했던 스님인데 남인도 출생이다. 당나라(618-907) 때 입국한 보리류지와는 다른 사람이다.
2. 진제(499-569)는 인도의 승려로 중국에 와서 역경에 힘을 기울여 『섭대승론攝大乘論』 등 30본의 경전을 번역했다. 『섭대승론』을 중심으로 하여 진제 문하에서 '섭론종攝論宗'이 생겼다.
3. 달마급다라고 하며 남인도 승려이다. 590년 중국 장안에 와서 『첨품묘법연화경』 7권, 『섭대승석론』10권 등 경론 7부 82권을 번역하였다.
4. 일조삼장은 중인도 승려로 당나라때 들어와서 『화엄경입법계품』과 『불정최승다라니경』, 『대승현식경』 등 18부 34권을 공역共譯했다.

3장. 가르침을 설한 법회의 장소와 횟수를 밝힘

1절. 부처님께서 반야경 육백 권을 설한 장소와 횟수를 밝히다

이 내용에 두 가지가 있으니, 하나는 반야경 육백 권[1]이 네 장소에서 열여섯 번에 걸쳐 설해진 것이다. 왕사성 영취산에서 7회(산중 4회, 산 정상 3회), 기수급고독원에서 7회, 타화자재천궁의 마니보장전에서 1회, 왕사성 죽림원 백로 연못가에서 1회이다.

또한 이 『금강경』은 기수급고독원에서 열린 아홉 번째 법회에서 설한 것이고 반야경 육백 권에서 제577권에 해당된다는 것이다.

2절. 이 금강경이 전해져 번역된 때와 역자

지금까지 『금강경』은 여섯 분의 번역이 전해진다. 첫째, 후진의 '구마라집'이다. 둘째, 후위의 '보리류지'인데 이 분은 『천친론』3권을 함께 번역하였다. 셋째, 진나라 '진제'인데 『금강선론』과 『본기』4권을 함께 번역하였다. 넷째, 수나라 때 '급다'인데 『무착론』2권을 함께 번역하였다. 다섯째, 당나라 초기 현장[2]이 번역하였다. 또 일조삼장은 『공덕시론』2권을 번역하였다.

---

1. 이 반야경 육백 권이 『대반야바라밀다경』이다. 이 경은 반야부 경전을 집대성한 전서라고 할 수 있다. 『대반야경』 『대품경』 『대품반야경』이라 부르기도 한다.
2. 현장은 중국 당나라 고승으로 인도로 떠나 불교를 연구하고, 경전을 가지고 돌아와 번역에 힘썼다. 태종의 칙명으로 『대당서역기大唐西域記』를 저술하고 『현양성교론顯揚聖教論』, 『대승아비달마잡집론』 등 75종 1,335권을 번역하였다.

六은 大周義淨인데 幷再譯 天親論三卷하다.

上六人은 皆三藏이다.

今所傳者는

卽羅什[1]이 弘始四年에 於長安草堂寺에서 所譯也이다.

天竺有無着菩薩이 入日光定하여

上昇兜率 親詣彌勒하고 稟受八十行偈하다.

又將此偈 轉授天親하자

天親이 作長行解釋하여 成三卷論하니 約斷疑執 以釋하다.

無着은

又 別造兩卷論하여 約顯行位 以釋하다.

今科經은

唯約天親釋義이며 卽兼無着하다.

亦傍求餘論하고 採集諸疏하므로

題云하되 纂要라함이 其在茲焉이다.

---

1. 구마라집鳩摩羅什(343-413)은 7살 때 어머니를 따라 출가하여 많은 책을 읽었으며
대승에 가장 밝았다. 후한後漢 요흥姚興이 국사의 예로 대우하고 서명각西明閣과
소요원逍遙園에서 경전을 번역케 하니 무릇 380여 권이나 번역하였다. 어느 날 병
이 들어 대중에게 말하기를 내가 번역한 것에 오류가 없다면 화장한 뒤에 혀가 타지
않고 남아 있을 것이라고 하였는데, 과연 혀만 타지 않고 남아 있었다고 한다.

여섯째, 대주大周의 '의정'[1]인데 『천친론』 3권을 함께 다시 번역하였다. 위에 소개한 여섯 분은 모두 경장, 율장, 논장에 능통하신 삼장 법사이다.

지금 전하는 것은 구마라집이 홍시弘始 4년에 장안 초당사에서 번역한 것이다. 천축의 무착이 '태양처럼 빛나는 선정 일광정日光定'에 들어 도솔천에 올라 미륵 보살을 친견하고 팔십 행의 게송을 받아 지녔다.

또 이 게송을 세친에게 전수하자 세친은 자상한 풀이로 세 권의 논을 완성하니, '의혹과 집착을 끊는 내용'을 중심으로 풀이하였다.

무착도 따로 두 권의 논을 지어 수행의 위치, 수행의 단계, 수행의 점차(十八住)를 드러내는 것을 중심으로 풀이하였다.

지금 경의 단락을 나누어 제목을 붙인 것은 전적으로 세친이 풀이한 뜻에 따랐으며, 무착의 논도 참고하였다. 또한 여러 가지 논문이나 금강경 해설서를 종합해서 참고하였으므로 그 제목을 '요점만 모았다는 뜻의 찬요纂要'라고 한 이유가 여기에 있다.

---

1. 의정은 당나라 승려로 20년 동안 인도 등지를 여행한 후 400부의 산스크리트 불전을 가지고 돌아와 경전 번역에 종사하였다. 대주大周(690-705)는 무후가 당나라 예종을 690년에 폐위시키고 황제가 되어 세운 나라이다.

4장. 釋通文義中二

1절. 解題目

金剛者는 梵云 跋折羅이며 力士所執之杵가 是此寶也이다.

金中最剛故로 名金剛이라하며

帝釋有之이지만 薄福者 難見이다.

極堅極利로 喩般若焉하는데

無物可能壞之이나 而能碎壞萬物때문이다.

涅槃經[1]에 云하되

譬如金剛 無能壞者이나 而能碎壞 一切諸物이라하다.

無着은 云하되 金剛은 難壞라하고

又 云하되 能斷이라하며

又 云하되 金剛者란 細牢故이다.

細者 智因故요 牢者는 不可壞故라하다.

皆以堅喩般若體하고 利喩般若用이다.

---

1. 『열반경』은 『대반열반경大般涅槃經』의 약칭이다. 부처님께서 열반하시기 전에
   아난이 "부처님께서 열반에 드시면 우리는 누구를 의지하며 살아야합니까?"라고
   슬퍼하니 아난을 위해 설하셨다는 경전이다.

4장. 문장의 내용을 풀이하여 뜻을 통하게 하다

1절. 경의 제목을 풀이하다

금강은 범어로 'Vajra'이며, 힘이 아주 센 금강 보살이 들고 있는 금강저가 곧 이 보배를 상징한다. 또한 금강이라 부르는 것은 보석 중에서 가장 강하기 때문이며, 제석천이 그것을 가지고 있지만 박복한 사람의 눈으로는 보기 어렵다고 한다. 금강의 성질이 지극히 견고하고 예리한 것을 반야에 비유하는데, 이는 그 어떤 것도 금강을 부술 수 있는 것은 없으나 이 금강으로 그 어떤 것이라도 다 부술 수 있기 때문이다.

『열반경』에서는 "금강을 부술 수 있는 것은 없으나, 금강은 그 온갖 것을 부술 수 있다."라고 한다.

무착은 "금강은 부수기 어려운 것"이라 하고 또 "금강은 모든 것을 끊는다."라고 하며 또 "금강이란 섬세하고 예리하며 견고한 것이다. 여기서 섬세하고 예리하다는 것은 지혜의 씨앗을 말하는 것이요, '견고하다'함은 파괴할 수 있는 게 아니라는 것이다."라고 말하였다.

이 모두는 금강의 견고함을 반야의 바탕에 비유하고, 섬세하고 예리함은 반야의 쓰임새에 비유한 것이다.

又 眞諦記에 說六種金剛이다.

一 靑色은 能銷災厄하니

　喩般若能除業障하다.

二 黃色은 隨人所須하니

　喩無漏功德하다.

三 赤色은 對日出火하니

　慧對本覺하여 出無生智火하다.

四 白色은 能淸濁水하니

　般若가 能淸疑濁하다.

五 空色은 令人空中行坐케하니

　慧破法執하야 住眞空理하다.

六 碧色은 能鎖諸毒하니

　慧除三毒하다.

傍兼可矣이나 非堅利之本喩이다.

52

또 『진제기』에서는 여섯 색깔의 금강을 말한다.

첫째, 청색 금강은 재앙과 액난을 없애니, 반야가 업장을 제거하는 것에 비유한다.

둘째, 황색 금강은 사람이 바라는 대로 다 이루어주니, 반야의 무루공덕無漏功德에 비유한다.

셋째, 적색 금강은 태양을 만나 불을 내니, 반야지혜가 본각을 만나 '생멸이 없는 지혜의 불길'을 내는 것에 비유한다.

넷째, 백색 금강은 흐린 물을 맑히니, 반야가 의혹의 번뇌를 맑히는 것에 비유한다.

다섯째, 허공의 빛깔인 공색空色 금강은 사람으로 하여금 허공에서 앉고 서고 가게 하니, 반야지혜로써 법에 대한 집착을 타파하여 진공의 이치에 머무는 것에 비유한다.

여섯째, 푸른 옥돌 빛인 벽색 금강은 온갖 독소를 해독하니, 반야지혜로 탐진치 삼독을 제거하는 것에 비유한다.

위의 여섯 가지 비유는 '금강의 뜻'을 확장해서 해석해 본 것이지만, 견고하고 예리하다는 '금강의 본래 뜻을 살린 비유'는 아니다.

般若者 正翻하면 云하되 慧라하는데

卽照五蘊空이어 相應本覺之慧가 是也이다.

若約學者 從淺至深하여 言之하면

則攝聞思修三慧가 摠爲般若이다.

故로 無着은 云하되

能斷者 般若波羅蜜中聞思修[1]요

所斷은 如金剛斷處而斷故라하고[2]

又 云하되 細者 智因故者에서 智因은 卽慧也니라하다.

依智度論하면

因位를 名般若라하고 果位를 名智라하다.[3]

則聞思修를 皆名爲細라하니 細妙之慧가 佛智之因矣이다.

般若는 能斷故로 在因位하고 佛果는 無斷일새 轉受智名하다.

若依大品經하면

若字는 通智慧二義故로 智與慧가 名義少殊이지만

體性에는 無別이다.

---

1. 문문(聞)·사사(思)·수수(修)에서 '문문(聞)'은 법문을 듣는 것이요, '사사(思)'는 법문의 뜻을 생각하는
   것이며, '수수(修)'는 법문의 뜻을 그대로 실천하는 것을 말한다.
2. '능단(能斷)'은 끊게 하는 주체로 반야바라밀 가운데 문문(聞)·사사(思)·수수(修)로 번뇌를 끊는
   다는 것이고, '소단(所斷)'은 끊을 대상으로서 번뇌이다.
3. '인위(因位)'는 불과를 얻기 위해 수행하는 자리이기에 끊어야 할 번뇌가 있으므로
   섬세하고 예리하며 오묘한 '혜(慧)'가 필요하다. '과위(果位)'는 수행한 공덕으로 깨달
   음을 얻은 자리이므로 밝게 비추는 부처님의 지혜 '지(智)'가 있다.

반야를 뜻 그대로 번역하면 '혜慧'라 하는데, 이는 곧 '오온이 공'임을 환히 알아 본각의 '혜慧'에 상응하는 것을 말한다. 또한 공부하는 사람의 입장에서 총괄적으로 말한다면, 반야란 각자 공부의 결과로 문聞·사思·수修 세 가지 지혜를 얻어 성취한 것이라 할 수 있다.

그러므로 무착은 "능단能斷은 반야바라밀 가운데 문聞·사思·수修요, '소단所斷'은 '금강의 지혜로 번뇌를 끊을 곳에서 끊는 것'이다." 하고, 또 말하기를 "'섬세하고 예리함은 지혜의 씨앗을 말하고'에서 지혜의 씨앗(智因)은 곧 '혜慧'이다."라고 하였다.

『지도론』에 의하면 "인위因位를 일러 '반야'라 하고, '과위果位'를 일러 '지智'라고 한다."라고 하였다. 곧 문聞·사思·수修를 모두 일러 '섬세하고 예리하다'고 하니, 섬세하고 예리하며 오묘한 '혜慧'가 '부처님 지혜의 인因'이다. 반야는 능단能斷이기에 '인위因位'에 있고 '불과佛果'는 끊을 것이 없으므로 '지智'라는 이름을 갖는 것이다.

『대품경』에 의하면 "반야의 '야若'자는 '지智'와 '혜慧' 두 가지 뜻에 다 통하므로, '지智'와 '혜慧'의 개념과 뜻이 조금 다르지만 그 바탕의 성품에는 다를 것이 없다."라고 하였다.

波羅蜜者 此云 彼岸到인데 應云 到彼岸이니

謂 離生死此岸 度煩惱中流하여 到涅槃彼岸이다.

涅槃은 此云에

圓寂이라하고 亦云 滅度라하다.

一切衆生이 卽寂滅相이어 不復更滅이지만

但以迷倒로 妄見生死하기에 名在此岸이라하다.

若悟生死本空이어서 元來圓寂하면

名到彼岸이라하다.

若兼般若廻文이라면

應云하되 到彼岸慧라하다.

經者는 梵音에 修多羅인데 義飜爲契經이다.

契者는 詮表義理하여 契合人心하니

卽契理契機故로 名契也라하다.

經者는

佛地論에 云하되

能貫能攝故로 名爲經이라.

以佛聖敎로 貫穿所應說義하여 攝持所化生故때문이라하다.

‘바라밀’은 ‘부처님의 언덕에 도달한다’는 뜻이니, 중생의 생사인 이 언덕을 떠나 번뇌의 강물을 건너 부처님의 열반 저 언덕에 도달함을 말한다. 열반은 오롯한 고요 ‘원적圓寂’이라 하고 또한 온갖 번뇌를 멸한 ‘멸도滅度’라고도 한다. 모든 중생이 곧 ‘적멸寂滅’의 모습이어 다시 더 멸할 것이 없지만, 어리석음으로 인해 생사를 헛되이 보기에, 이를 일러 ‘중생의 생사 이 언덕’에 있다고 한다. 만일 생사가 본디 ‘공空’이어서 원래부터 오롯한 고요 ‘원적圓寂’인 줄 깨달으면, 이를 일러 ‘부처님의 열반 저 언덕에 도달했다’라고 한다. 만약 이 글에 ‘반야’를 연결시켜 표현해 본다면 ‘부처님의 열반 저 언덕에 도달하는 지혜’라고 해야 할 것이다.

‘경經’은 범어로 ‘수다라’인데 뜻으로 번역하면 ‘계경契經’이다. ‘계契’는 논리적인 말로써 뜻과 이치를 드러내 사람의 마음에 딱 들어맞게 하는 것이니, 곧 이치에도 들어맞고 사람의 근기에도 들어맞기에 이를 일러 ‘계契’라 한다. ‘경經’은 『불지론』에서 “꿰뚫어 거둘 수 있으므로 이를 일러 ‘경’이라 한다. 부처님의 성스런 가르침으로 설해야 할 이치를 꿰뚫어 교화할 중생을 거두기 때문이다.”라고 하였다.

此疏는

本是爲評經者하여 指其科段이다.

雖次第科經하더라도 而不次第釋文하다.

但隨難處 卽略擧節目而已일뿐 亦不備述義意니라.

義意는

悉在傳示者 口訣이지 不在疏中이니

不得但以鎖疏로 而爲講也이다.

講者는

須從首至末 次第 以深玄義意로써 銷釋經文이니

難處만 卽約疏하고 易處는 卽直說也이다.

2절. 釋經文

准常三分 一 序分 二 正宗分 三 流通分

初文 又二 一 證信序 二 發起序

今初 序分 證信序

이 '소疏'는 본디 경의 내용을 평하고 논하는 사람들을 위하여 과목과 단락을 나누어 놓은 것이다. 그러므로 경의 과목을 차례대로 나누었더라도 글 전부를 순서대로 풀이하지는 않았다. 단지 어려운 부분에서 간략히 중요한 대목만 설명했을뿐 문장 전체를 온전하게 다 해설한 것은 아니다.

글의 올바른 뜻은 이경을 전파하고 보여주는 사람의 구결口訣에 있지 '주해(疏)'에 있지 않으니, 주해를 풀이하는 것만으로 강의를 해서는 안 된다.

강의하는 사람은 처음부터 끝까지 차례대로 깊고 바른 뜻으로써 '경문經文'을 풀이해야 하니, 어려운 곳만 주해를 참고하고 쉬운 곳은 바로 설해야 할 것이다.

2절. 경문을 풀이하다

보통 세 부분으로 나누어 경문을 풀이하는데 서분, 정종분, 유통분을 말한다. 서분에 해당하는 글이 또 둘로 나누어지니, 하나는 '증신서'요 또 하나는 '발기서'이다. 지금은 서분의 처음 부분 '증신서'이다.

1. 證信序¹

釋此分三하니라.

如是我聞 一時 佛 在舍衛國 祇樹給孤獨園 與大比丘衆
여시아문 일시 불 재사위국 기수급고독원 여대비구중

千二百五十人俱
천이백오십인구

---

1) 明建立之因

則佛臨滅度에 阿難이 請問四事²하자 佛께서 一一答하시기를

我滅度後 一 依四念處³住하라.

二 以戒爲師하라.

三 默擯惡性比丘하라.

四 一切經首에서 皆云하되

如是我聞 一時 佛 在某處 與衆若干等이라하라.

---

1. 증신서란 이 경이 부처님 말씀임을 증명하여 읽는 사람들에게 믿음을 주는 부분이다. 모든 경전의 첫머리에 나온다.

2. 아난은 열반을 앞두신 부처님께, "어떤 법에 의지해야 하는가? 부처님이 열반하신 뒤 누구를 스승으로 모셔야 하는가? 성품이 인색하고 악한 비구를 상대할 때는 어떻게 해야 하는가? 경전의 첫머리는 어떻게 써야 하는가?" 등을 질문 하였다.

3. '사념처四念處'는 '신수심법身受心法' 네 가지 대상의 실체를 바로 보는 수행법이다. 첫 번째 '신념처身念處'는 몸이 허공 같다고 보는 것이다. 두 번째 '수념처受念處'는 몸에 어떤 느낌이 있을 때 이 느낌이 몸이나 몸 바깥에 있지도 않고, 중간에 머물지도 않음을 보는 것이다. 세 번째 '심념처心念處'는 마음에 일어나는 생각은 단지 고정된 개념으로 형성되어 실체가 없음을 보는 것이다. 네 번째 '법념처法念處'는 중생의 마음에 일어나는 온갖 법에 실체가 없음을 보는 것이다.

1. 증신서

이 증신서 부분을 셋으로 나누어 풀이해 보겠다.

> 이와 같이 저는 들었습니다. 부처님께서 사위국 기원정사에서
> 성스러운 비구 천이백오십 명과 함께 지내실 때였습니다.

1) 이 단락을 쓰게 된 동기를 밝히다

부처님께서 곧 돌아가실 무렵 아난이 네 가지 일을 묻자,
부처님께서 하나하나 말씀하시기를

"내가 멸도한 뒤
첫째는 사념처四念處에 의지하여 머물라.
둘째는 '계戒'로써 스승을 삼아라.
셋째는 침묵으로써 나쁜 비구를 물리쳐라.
넷째는 모든 경의 첫머리에서 '이와 같이 저는 들었습니다. 어느
날 부처님께서 모처에 대중들 몇 명과 함께 계실 때였습니다.'로
시작하라."라고 하셨다.

2) 明建立之意 意有三焉

(1) 斷疑故

謂 結集時 阿難이 昇座하여 欲宣佛法하자

感得自身相好如佛하여 衆起三疑이다.

一 疑佛重起說法이요

二 疑他方佛來이며

三 疑阿難成佛이다.

故로 說하기를

此言으로 三疑頓斷이라하다.

(2) 息諍故

若不推從佛聞하고 言自製作하면

則諍論起때문이다.

(3) 異邪故

不同

外道經初에 云하되 阿憂[1]等이라.

---

1. 범어인 '아우阿憂'에서 '아'는 '무無'의 뜻이요 '우'는 '유有'의 뜻이다. 외도는 "온갖
   법이 다를지라도 '유'와 '무'에서 벗어나지 않는다."라고 하며 이 말을 그들의 경전
   첫머리에 두고 상서롭게 여긴다. 그리고는 처음이 상서롭기 때문에 중간도 그 끝도
   상서롭게 된다고 여긴다. 그러나 부처님의 경전은 그렇지 않기 때문에 "삿된 도와
   다르다."라고 한 것이다. 부처님의 법은 '유' '무'를 초월하기 때문이다.

2) 이 단락을 쓰게 된 이유를 밝히니 이유에 세 가지가 있다.

(1) 의심을 끊기 위한 것이다.

경을 결집할 때 아난이 자리에 올라 부처님의 법을 말하려고 하자, 대중들은 아난의 상호가 부처님과 똑같다고 느껴서 세 가지 의심을 일으킨다. 첫 번째는 부처님이 다시 살아나 법을 설하는 것이 아닌지 의심하는 것이요, 두 번째는 다른 곳의 부처님께서 오신 것이 아닌지 의심하는 것이며, 세 번째는 아난이 성불한 것이 아닌지 의심하는 것이다. 그러므로 "이와 같이 저는 들었습니다."라는 말로써 세 가지 의심을 단숨에 끊는다고 말한다.

(2) 다툼을 쉬게 하기 때문이다.

만약 부처님께 들은 내용이 아니고, 자신의 말을 하게 되면 논쟁이 일어나기 때문이다.

(3) 삿된 도와는 다르기 때문이다.

외도들은 경전 첫머리에 '유有'와 '무無' 같은 상대적 개념을 두고 이를 상서롭게 생각하는 내용으로 시작하므로 부처님 법과 다르다.

3) 正釋文義 具六成就

謂 信聞時主處衆이다.

六緣이 不具면 教則不興이다.

必須具六이니

故로 云하되 成就라하다.

(1) 信

若兼我聞合釋則 指法之辭也니

如是之法을 我從佛聞이다.

單釋如是者라면 智度論[1]에 云하되

信成就也 佛法大海에 信爲能入하고 智爲能度하다.

信者란 言 是事如是요

不信者란 言 是事不如是라하니라.

又 聖人說法은 但爲顯如요

唯如爲是이니 故로 稱如是라하다.

又 有無不二를 爲如하고 如非有無를 爲是하다.

---

1. 『지도론』은 인도의 용수 보살이 지은 『대지도론』의 준말이다. 『대품반야경』을
해석한 것인데 구마라집이 번역하였다. 『중론』 등 용수의 논저가 대부분 '공空'의
입장에서 정리된 것인데 반하여 이 저서는 '제법실상諸法實相'의 긍정적인 측면을
중시하여 보살이 갖추어야 할 실천적인 덕목을 강조하고 있다. 『대지도론』은 중국
과 한국의 화엄종과 천태종 사상에 큰 영향을 미쳤다.

64

3) 글의 뜻을 바르게 해석하려면 육성취를 갖추어야 한다.

이는 신信·문聞·시時·주主·처處·중衆을 말한다. 이 여섯 인연이 갖추어지지 않으면 부처님의 가르침은 베풀어지지 않는다. 반드시 이 여섯을 갖추어야만 하니, 그러므로 이를 일러 '육성취六成就'라 한다.

(1) 신성취

"저는 들었습니다.(我聞)"라는 말과 함께 '여시如是'를 풀이해 보면 '법'을 가리키는 말이니, '이와 같은 법'을 내가 부처님께 들었다는 것이다.

'여시如是'만을 풀이하면 『지도론』에서 "신성취信成就란 부처님의 법 큰 바다에 믿음으로 들어갈 수 있고 지혜로 건널 수 있다는 것이다. 믿음이란 이 사실이 옳다고 인정하는 것이요, 불신이란 이 일이 옳다는 것을 인정하지 않는다는 뜻이다."라고 하였다.

또 성인의 설법은 다만 '여여한 마음자리(如)'를 드러내기 위함이요, 오직 '여여한 마음자리(如)'가 옳은 진리가 되므로 '여시如是'라고 일컫는 것이다.

또 '유有'와 '무無'가 다를 것이 없음을 '여如'로 삼고, 이 '여如'가 '유有와 무無가 아님'을 옳은 진리로 삼는 것이다.

(2) 聞

我는 卽阿難五蘊假者[1]요

聞은 謂耳根發識이라.

廢別從摠이니

故로 云하되 我聞이라하다.

阿難所不聞二十年之經을

有云하되 如來重說이라하고

有云하되

得深三昧하니 總領在心이라하다.

若推本而言하면

阿難是大權菩薩인데

何法不通이오.

---

1. 오온으로 잠시 이루어진 몸이란 무엇인가? 우리 중생들의 몸은 알고 보면 무명無明
의 업業으로 이루어진 '허깨비와 같은 번뇌덩어리'이다. 이는 허망한 중생의 인연
이 모여 만들어진 것으로서 이 인연이 흩어지면 우리 몸은 허공 속의 지수화풍地水
火風 사대四大로 다시 돌아간다는 것이다. 중생의 몸에서 근육이나 뼈, 골수 등으로
이루어진 것은 명줄이 끊겨져 중생의 인연이 흩어지면 땅으로 돌아갈 것이고, 침이
나 콧물, 눈물, 똥오줌과 같이 몸에서 흘러나오는 축축한 기운들로 이루어진 것은
물로 돌아갈 것이다. 따스했던 몸의 열기는 불로 돌아가고, 몸에서 살아 움직이는
기운들은 허공 속의 바람으로 돌아갈 것이다. 몸을 만들었던 인연들이 흩어져 땅·
물·불·바람의 기운으로 돌아가 버린다면 우리 몸을 어디에 가서 찾을 수 있단 말인
가? 그러므로 알아야 한다. 땅·물·불·바람의 기운이 모여 만들어진 이몸은 허망
한 것으로 허깨비와 같으니 아끼고 애지중지하여 안타까워 할 것이 아니다.

'아我'는 오온으로 잠시 이루어진 몸을 지닌 아난이요, '문聞'은 귀로 듣고 안 것을 말한다. 따로따로 그 내용을 드러내는 것이 아니고 전체를 말하는 것이니, 그러므로 "제가 들었습니다.(我聞)"라고 한 것이다.

아난이 부처님의 시자가 되기 전까지 20년간 듣지 못한 부처님의 가르침을, 어떤 사람은 "여래께서 다시 설하셨다." 하고, 어떤 사람은 "깊은 삼매를 얻으니 부처님의 가르침이 모두 그 마음에 들어있다."라고 한다.

만약 근본으로 돌아가 말한다면,
아난은 방편이 자유자재한 큰 보살인데,
어떤 법인들 통달하지 못했겠는가?

⑶ 時

師資合會하여 說聽究竟이니

故로 言하되 一時니라.

諸方時分 延促不同이니

故로 但言하되 一이니라.

又 說法領法之時

心境泯하고 理智融하며 凡聖如하고 本始會하니

此諸二法이 皆一之時니라.

⑷ 主

具云 佛陀인데 此云 覺者라.

起信에 云하되 所言覺義者 謂心體離念이라.

離念相者 等虛空界이어 卽是如來平等法身이라하니

則以無念 名之爲佛이라.

然인데 覺有三義이다.

一 自覺이니 覺知自心 本無生滅이라.

二 覺他니 覺一切法 無不是如니라.

三 覺滿이니 二覺理圓을 稱之爲滿이라.

(3) 시성취

스승과 제자가 한 자리에 모여 법을 설하고 듣는 일이 똑같이 '부처님 세상'에 속하니, 그러므로 '일시一時'라고 한다.

또 나라와 지역에 따라 기준으로 삼는 시간의 길이가 다르니, 다만 '한 때'라는 의미로 '일시'라 말하고 있을 뿐이다.

또 법을 설하고 법을 들을 때 마음과 경계가 사라지고 이치와 지혜가 하나 되며, 범부와 성인이 같아지고 본각과 시각이 한 자리에 모이게 되므로, 이 모든 두 가지 법이 다 '하나로 모인 때'라고 한다.

(4) 주성취

'주主'는 '부처님'을 말하는데 뜻은 '깨달으신 분'이다.

『기신론』에서 "깨달음의 뜻은 마음의 바탕이 망념을 벗어난 것을 말한다. 망념을 떠난 마음의 모습은 허공과 같아 곧 이것이 여래의 평등법신이다."라고 하니, 이는 무념이 곧 '부처님'이란 말이다.

그런데 깨달음 '각覺'에는 세 가지 뜻이 있다. 첫째는 '자각自覺'이니 '자신의 마음에 본디 생멸이 없음'을 깨닫는 것이다. 둘째는 '각타覺他'이니 '모든 법이 여여'인 줄 깨닫는 것이다. 셋째는 '각만覺滿'이니 '자각'과 '각타'의 이치가 오롯한 것 이를 일러 '각만'이라 한 것이다.

故知 有念이면 則不名覺이라.

起信에 云하되 一切衆生을 不名爲覺은 以無始來로 念念相續이어

未曾離念이라하고

又 云하되 若有衆生 能觀無念者 卽爲向佛智故라하다.

(5) 處

舍衛 此云 聞物이라하니

謂 具足欲塵財寶多聞解脫等이어 遠聞諸國이라.

故로 義淨[1]은 譯云하되 名稱大城이라하다.

祇樹等者는 卽祇陀太子 所施之樹이고

給孤獨園者는 須達長者 所買之園이라.

祇陀는 此云 戰勝이라하고 波斯匿王의 太子也라.

生時 王이 與外國戰勝이므로 因以爲名하다.

梵語에 須達은 此云 善施니라. 給孤獨이 卽是善施며 又亦常行施故라.

西國에 呼寺爲僧伽藍이라하니 此云 衆園이니라.

---

1. 의정義淨(635~713)은 중국 당나라 때 승려이다. 자는 문명文明, 속성은 장씨張氏이며 산동 출신이다. 어려서 출가하여 율학 연구에 뜻을 두었다. 법현法顯과 현장玄奬스님을 존경하여 37세 때 인도로 건너가 불교유적지를 순례한 뒤, 20여 년 동안 그곳에 머물며 불교연구에 전념하였다. 귀국한 뒤『화엄경』등 경전 번역에 힘썼는데 이 중 율학에 관한 번역이 많다. 저서로『남해기귀내법전南海寄歸內法傳』4권,『대당서역구법고승전大唐西域求法高僧傳』2권이 있는데 당시 불교를 연구하는 데 있어 귀중한 자료이다.

그러므로 망념이 있으면 '각覺'이라 부르지 않는다는 걸 알아야 한다. 『기신론』에서 "모든 중생을 '각'이라 부르지 않는 것은 무시이래로 망념이 이어져 그 생각을 떠난 적이 없기 때문이다." 하고, 또 "어떤 중생이 무념의 마음자리를 볼 수 있다는 것은 곧 부처님의 지혜로 향하는 것이다."라고 말하였다.

(5) 처성취

'사위'는 달리 말하면 '문물聞物'이라 하니, 이 사위성에는 욕망을 충족시키는 온갖 것과 보배로운 재물이 가득하고, 또한 부처님의 가르침을 듣고 공부하는 사람들, 욕망과 번뇌에서 벗어난 수행자들이 살고 있어서 먼 나라까지 모두 소문이 났다는 뜻이다. 그러므로 의정은 '사위'로 번역된 범어 'sravasti'를 '큰 성'이라 번역하였다.

'기수祇樹'는 기타 태자가 보시한 나무이고, '급고독원給孤獨園'은 수달 장자가 사들인 동산이다. '기타'는 범어로 'jeta'라 하는데 '전승戰勝'이라 번역되며 파사익 왕의 태자이다. 태자가 태어날 때 왕이 전쟁에서 이겼으므로 그 인연으로 이름을 '전승'이라 지었다. '수달'은 범어로 'sudatta'라 하는데 풀이하면 '좋은 보시'이다. '급고독원'이 곧 좋은 보시이듯 수달 장자는 늘 보시를 실천하면 살았다. 인도에서는 절을 'saṃgha-ārāma'이라 하는데 '승가람'이라 번역하니, 이를 풀이하면 대중들이 모여 사는 동산인 '중원衆園'을 말한다.

(6) 衆

與者는 幷也 及也라. 大者는 名高德著니라.

比丘者 梵語인데 此含三義故로 存梵不譯[1]이라.
一 怖魔요 二 乞士요 三 淨戒[2]라.

衆者는 理和事和라. 千二百五十人者는 佛이 初成道에 度憍陳如等
五人하고 次度迦葉三兄弟 兼徒摠一千하며 次度舍利弗目乾連과 各
兼徒一百하고 次度耶舍長者[3]子等五十人하니라. 經擧大數이니 故로
減五人이라. 是常隨衆故로 偏列數이지만 非無餘衆이라. 文隱顯耳라.

俱者는 一時一處니라.

---

1. 중국에서 인도 경전을 번역할 때 몇 가지 기준을 세웠는데 '비구'처럼 여러 가지
   뜻을 가지고 있는 단어는 범어 그대로 음사만 하고 뜻은 번역하지 않기로 하였다.
2. '삼취정계三聚淨戒'는 대승 보살이 지녀야 할 계법이다. '섭율의계攝律義戒'는 계율
   을 지켜 온갖 허물과 악을 버리는 것이다. '섭선법계攝善法戒'는 착한 법을 모두 행하
   는 것이다. '섭중생계攝衆生戒'는 모든 중생을 이롭게 하는 것이다. 모든 계법이 맑
   고 깨끗하므로 '정계淨戒'라고 한다.
3. 야사는 대부호의 외아들로 태어나 재주가 출중하고 학식이 풍부하기로 세상에
   널리 이름이 높았다. 어느 날 이른 아침 녹야원에서 산책을 하다가 부처님을 만나
   사성제 등의 교리를 듣고 감화를 받아 출가하게 되었다. 야사의 부모도 부처님의
   교화를 받아 불교에 귀의하였으니 그들이 처음 귀의한 우바새 우바니이다.

'여興'는 함께 어울려 있다는 뜻이다. '대大'는 명성이 높고 덕이 드러난 것을 말한다.

'비구'는 범어인데 세 가지 뜻을 함축하고 있으므로 범어 그대로 누고 번역하지 않았다. 첫째, 마구니를 두렵게 한다는 뜻이요, 둘째, 탁발로써 살아가는 수행자라는 뜻의 '걸사乞士'요, 셋째, 청정한 계율을 실천하는 사람이라는 뜻의 '정계淨戒'이다.

'중衆'이란 이치로도 화합하고 실제 생활에서도 화합하여 살고 있는 사람들을 뜻한다. '1250명'이란 숫자는 부처님께서 처음 도를 이룬 뒤 교진여 등 다섯 사람을 제도하고, 그 다음 가섭 삼형제와 그들의 신도 천 명, 사리불과 목건련 및 그들의 신도 이백 명 그리고 야사장자와 그 아들 및 오십 명을 제도하는데, 그 제도한 사람들을 모두 합친 수이다. 경에서는 대략 큰 수만 들어 말하므로 다섯 명이 빠졌다. 이 대중이 늘 부처님을 따라다니므로 '1250명'이라고 하였지만 그 밖에 다른 대중이 없다는 말은 아니다. 글 가운데 대중의 숫자가 암시적으로 숨어있기도 하고 혹은 드러나 있기도 하다.

'구俱'는 '시간적 공간적으로 함께 하였다'는 뜻이다.

2. 發起序

於中有二 一戒 二定 今初 分七節釋

謂 乞食威儀는 離於邪命이라. 是爲持戒니 戒能資定하고 定能發慧
일새 故以戒定으로 發起般若正宗이니라.

爾時 世尊 食時 着衣持鉢 入舍衛大城 乞食於其城中 次第
이 시 세 존 식 시 착 의 지 발 입 사 위 대 성 걸 식 어 기 성 중 차 제

乞已 還至本處 飯食訖
걸 이 환 지 본 처 반 사 흘

1) 戒

(1) 化主

成實論에 說하되 具上九號[1]하여 爲物欽重故로 曰 世尊이니 天上人
間이 共所尊故라하다.

---

1. 여래십호如十號는 여러 공덕에 따라 달리 불리는 부처님의 열 가지 명호를 말한
다. 그 십호는 해와 달처럼 빛나는 여래, 공양을 받아야 할 응공, 모든 것을 아는 정변
지, 지혜와 덕행에 밝은 명행족, 모든 것에 자유로운 선서, 세간의 이치를 아는 세간해,
완전한 인격의 무상사, 뜻대로 세상을 다스리는 조어장부, 하늘과 인간의 스승 천인사,
세상에서 가장 존경 받을 만한 불세존이다.

2. 발기서

그 가운데는 둘이 있으니 하나는 계율이요 또 하나는 선정이다. 지금은 계율을 말한다. 이 부분을 일곱 단락으로 나누어 풀이하겠다.

'탁발하는 위의는 삿된 생활에서 벗어나 있음'을 말한다. 이는 아름다운 삶 계율을 지닌 것이니, 계율은 선정을 놓고 선정에서 지혜가 생긴다. 그러므로 계율과 선정으로 반야의 바른 종지를 드러낸다.

> 어느 날 이른 아침 가사를 수하신 세존께서 발우를 들고 사위성에 들어가 탁발하시며 차례대로 일곱 집에서 정성껏 올리는 공양물을 받고 다시 머물던 처소로 돌아와 공양을 드시고는

1) 부처님의 아름다운 삶 계율

(1) 교화하는 주체

『성실론』에서 "부처님은 '여래 응공 정변지 명행족 선서 세간해 무상사 조어장부 천인사' 이 아홉 가지 명호를 다 갖추었으므로 중생들이 흠모하고 존중하니 세상에서 존귀하신 분 '세존世尊'이라 한다. 하늘의 신과 인간이 모두 함께 존경하기 때문이다."라고 하였다.

(2) 化時

食時辰은 當日初分이어서 求乞易得이니 不惱自他이다.

乞已歸園하면 正當巳時니 如常齋法이니라.

(3) 化儀

着僧伽梨衣하고 持四天王 所獻鉢[1]이니라.

(4) 化處

園은 在城東南五六里이다.

自外之內 爲入하고 處廣人多 曰大니라.

(5) 化事

佛이 爲欲顯頭陀[2]功德하여 令放逸者 慙愧케하고자 以同事攝하니

故로 自乞食이니라.

瓔珞女經에 說하되

化身如全段金剛이니 無生熟藏이라하다.

今所乞者 利益他故이니

故로 淨名은 云하되 爲不食故로 應受彼食[3]이라하다.

---

1. 발우는 탁발하는 그릇이다. 전설에 의하면 부처님이 도를 깨달은 뒤 47일이 되던
   날, 먼 지방에서 온 두 상인이 죽과 꿀을 바쳤지만 그것을 받을만한 그릇이 없으므로
   우두커니 서 있었다. 그런데 갑자기 하늘에서 사천왕이 내려와 저마다 그릇 한 개씩
   을 바쳤다. 네 개를 다 받아 포개놓으니 한 벌의 그릇이 되었다.
2. 두타행은 고행을 말한다.
3. 『유마경』에서 인용한 것이다. 유마 거사를 정명淨名이라 부르기도 한다.

(2) 교화하는 시점

세상 사람들의 아침 식사 시간이 오전 일곱 시부터 아홉 시 사이이
므로 이때가 탁발하기 쉬우니, 스님이나 신도들이 서로 번거롭지
않은 때다. 탁발한 뒤 절로 돌아오면 스님들의 공양때가 되니 일상
적인 공양법과 같다.

(3) 교화하는 위의

대가사를 입고 사천왕이 공양 올린 발우를 지니고 다닌다.

(4) 교화하는 장소

기원정사는 사위성 동남 쪽 오륙 리쯤 떨어져 있었다. 바깥에서 안
으로 들어가는 것이 '입入'이 되고, 장소가 넓고 사람이 많은 것을
'대大'라 한 것이다.

(5) 교화하는 방식

부처님께서는 '탁발하는 고행의 공덕'을 드러내 게으른 사람이 부
끄러움을 느끼도록 하고자, 한결같은 모습으로 이런 삶을 받아들
여 몸소 탁발하신다. 『영락여경』에서 "화신은 온 몸이 금강이니
중생의 몸은 없다."라고 하였다. 지금 탁발함은 다른 사람에게 이익
을 주기 위함이니, 정명은 "먹을 음식만을 위한 것이 아니기에 공양
을 받아야 한다."라고 말한다.

⑹ 化等

於中에 有五니라.

一 由內證平等理하여 外不見貧富相이다.

二 心離貪慢하여 慈無偏利이다.

三 表威德하여 不懼惡象沽酒婬女等家이다.

四 息凡夫猜嫌하다.

五 破二乘分別이다.

⑺ 化終

然已字는 義屬下句이지만 文連上句이고

飯食字는 義屬上句이지만 文連下句니

若廣其文하여 令當句中備者케하면 應云하되 次第乞하고 乞已에 還至

本處하여 飯食하며 飯食訖에 收衣鉢이라하다.

佛若不食이

他福不滿이다.

寶雲經에 說하되

隨所乞食 分爲四分하여 一 擬與同梵行[1] 二 擬施貧病乞人 三 水

陸衆生 四 自食이라하다.

---

1. 범행은 맑고 깨끗한 행을 말하니, 하늘의 천신들이 살아가는 모습이다.

그 가운데 다섯 가지가 있다. 첫 번째는 평등한 이치를 깨달아 가난함과 부유함을 차별하지 않는다. 두 번째는 탐욕과 아만을 떠나 자비가 한쪽으로 치우치지 않는다. 세 번째는 덕스러운 위엄이 드러나니 난폭한 코끼리, 술집, 음탕한 여인이 있는 곳 어디든지 두려워하지 않는다. 네 번째는 범부의 시기하고 미워하는 마음을 없애준다. 다섯 번째는 이승二乘의 분별을 타파한다.

(7) 중생의 교화를 마치는 것

'이已'는 그 뜻이 아래 구절에 속하지만 문장은 위의 구절과 이어졌고, '반사飯食'는 뜻이 위의 구절에 속하지만 글은 아래 구절로 이어졌다. 그러므로 만약 이 문장을 정확하게 풀어보면 "차례로 탁발하시고, 탁발하시고 난 뒤 머물던 처소로 돌아와 공양을 하시며, 공양을 마치신 뒤에 가사와 발우를 정돈하셨다.(次第乞 乞已 還至本處 飯食 飯食訖 收衣鉢)"라고 해야 할 것이다.

부처님께서 공양을 받지 않으시면 시주한 사람들의 복이 채워지지 않는다.

『보운경』에 "부처님은 탁발하신 음식을 사등분하여 하늘의 천신, 가난하거나 병든 사람, 뭍이나 물속에 사는 중생들에게 각각 나누어주고 그 나머지를 당신께서 드신다."라고 하였다.

十二頭陀經에서는

唯說三分하고 除梵行하다.

2) 定分三節釋

收衣鉢 洗足已 敷座而坐
수 의발 세족이 부좌이좌

(1) 屏資緣

將欲入定에 須息攀緣[1]이라.

衣鉢不收면 心有勞慮故로

佛示現爲後軌也니

卽收大衣하고 着七條[2]니라.

(2) 淨身業

阿含經에 說하되 佛行에 離地四指하여 蓮花承足이라하다.

今示現洗者는 順世表法하여 爲後軌也니라.

---

1. 반연이란 어떤 이익이나, 명예를 얻기 위하여 의도적으로 다른 사람과 인연 맺는 것을 말한다.
2. 옛날에 스님들이 마을에 출입하거나 왕궁에 나아갈 때는 7조 가사를 입고, 잠을 잘 때는 5조 가사, 설법할 때는 9조 가사를 입는다고 하였다. 가사袈裟는 범어 'Kasaya'의 음역인데 번역하여 부정색不正色, 염색染色, 괴색壞色이라고 한다. 수행자는 검소하기에 쓰다가 낡아 색이 바랜 천으로 옷을 만들어 입기 때문이다.

『십이두타경』에서는 삼등분만 말하고 있고 하늘의 천신에게 나누어주는 것을 제외하였다.

2) 선정은 세 단락으로 나누어 풀이한다

> 가사와 발우를 정돈하신 뒤 발을 씻으시고는 사리를 펴고 앉으
> 셨습니다.

(1) 번거로운 반연을 차단함

선정에 들려면 모름지기 반연을 쉬어야 한다. 가사와 발우를 정돈하지 않으면 마음속에 번거로운 생각들이 있는 것이므로, 부처님께서 뒷날 본보기가 될 모범을 보여주기 위해 커다란 가사를 벗고 간편한 복장으로 계시는 것이다.

(2) 몸을 깨끗이 닦음

『아함경』에 "부처님께서 길을 가실 때 땅 위에서 연꽃이 피어 발을 받든다."라고 하였다. 그런데도 지금 '발 씻는 모습'을 보여주는 것은, 세간의 풍습을 따르면서 청정한 부처님의 법을 드러내 뒷날 모범이 될 규범을 보여주는 것이다.

(3) 正入定

敷座坐禪者는 由身端故 心離沈掉[1]故때문이다.

魏譯에 云하되

如常敷座 結跏趺坐하고 端身而住하여 正念不動이라하다.

唐譯에 云하되

端身正願하여 住對面念이라하며

無着은 云하되

顯示 唯寂靜者 於法 能覺能說故라하다.

然이나 大聖現迹은 必有所表인데 表本覺之佛이다.

在五蘊之都이어 覺魔軍[2]本空을 名爲戰勝이라하다.

照心識具德하니 卽是給孤[3]라하며 求法養神을 名乞士衆이라하다.

覺心旣發에 寧棄塵勞아.

將欲徧觀하려 遂入識藏하여 心心數法을 次第思惟하니

卽妄而眞일새 皆得法喜니라. 法喜無體일새 融合覺心이니라.

---

1. '침도沈掉'는 '혼침昏沈'과 '도거掉擧'를 말하는데 혼침은 머리가 무거워지고 몽롱해지는 것을 말한다. 도거는 혼침과는 반대로 경솔하게 마음이 들뜨는 것을 말한다.
2. '마魔'는 범어 'māra'를 소리 그대로 표현한 '마라'를 줄여서 말한 것인데, '생명을 빼앗다' '방해하다'의 뜻이다. 또 '악마'라고 하기도 하는데 우리들의 목숨과도 같은 부처님의 지혜를 빼앗으려고 수행자의 공부를 방해하는 나쁜 귀신으로 볼 수 있기 때문이다. 마魔는 본디 근본이 없는 것인데 공부하는 사람들이 바른 생각을 잊는 데서 그 싹이 움튼다.
3. 부처님 법을 논하는 자리에서 보면 아버지 같은 본각을 잃어버린 것이 고孤요, 본디 갖추어진 자식 같은 부처님 공덕을 찾지 못하는 것이 독獨이다. 그러므로 '급고독'이란 환한 마음에 부처님 공덕이 본디 갖추어져 있음을 알아차리는 것이다. 『금강경간정기』 참조.

(3) 바로 선정에 들어감

자리를 펴고 좌선을 하는 것은, 몸을 단정히 함으로써 혼침과 들뜬 마음을 없앨 수 있기 때문이다.

위나라 번역에서는 "늘 평소처럼 자리를 펴 결가부좌하고 단정히 앉아 바른 생각 속에서 마음이 동요하지 않는다."라고 하였다.

당나라 번역에서는 "몸을 단정히 하고 바른 원을 세워 그 생각을 마주하며 머무는 것이다."라고 하였으며, 무착은 "오로지 번뇌가 다 사라진 고요한 마음자리를 드러내는 사람이 법을 깨닫고 설할 수 있음을 드러내는 것이다."라고 하였다.

그러나 부처님께서 어떤 자취를 드러낼 때는 반드시 암시적으로 뭔가 가르치는 게 있는 것인데, 여기서는 곧 '본래 깨달아 있는 부처님'을 드러내는 것이다. 이 본디의 부처님이 내 몸과 마음속에 있어 마군도 본디 공임을 깨달으니 이를 일러 '전승戰勝'이라 한다. 환한 마음에 부처님의 공덕이 갖추어져 있음을 알아차리니 이는 곧 '급고給孤'라 하며, 법을 구하며 마음의 힘을 키워가는 수행자들이 대중을 이루니 이를 일러 '걸사중乞士衆'이라 한 것이다.

깨달음이 이미 드러남에 어찌 번뇌라고 버리겠느냐? 두루 통찰하려 마음속 깊이 들어가 마음과 그 안에서 일어나는 마음의 작용을 차근차근 사유하니, 망념 자체가 참이기에 모두가 법의 희열을 얻게 된다. 법의 희열 그 자체에 어떤 실체도 없으므로 깨달음과 어울려 하나가 된다.

思惟는 假緣이나 忘緣이어야 可符眞性이라.

觀照는 是迹이니 拂迹하여야 返本還源이니라.

返本還源하면 法空心寂이니

空寂眞體에 般若朗然이니라.

欲談般若正宗하려 如是示現發起니라.

資聖疏에 云하되

夫身有二하니 一 僞 二 眞이라.

五陰僞軀는 假衣食以生育이나

法身은 無相이어 因般若以照成이니라.

群生은 保僞遺眞이지만

諸佛은 養眞棄僞라.

群生은 旣迷眞而取僞이므로

佛乃假僞迹而引眞이니라.

故로 託乞食之緣하여 將施法喜之化라.

故로 涅槃經에서 云하되

汝諸比丘는 雖行乞食이더라도

初未曾乞 大乘法食[1]이라하니라.

上釋序分竟

---

1. 탁발하여 음식은 얻었을지 몰라도 대승의 법은 얻지 못하였다는 뜻이다.

'사유'는 인연의 힘을 빌리나 온갖 인연을 다 잊어야 '참성품'과 하나가 될 수 있다. '관조觀照'는 자취이니 그 자취조차 다 없어져야 '본디 근원'에 돌아간다. '본디 근원'에 돌아가면 온갖 법이 공이어서 마음이 고요하니, '마음이 텅 빈 고요한 마음자리 참바탕'에 반야지혜가 환히 드러난다. '반야지혜의 올바른 종지'를 드러내려 이와 같은 모습을 보이시는 것이다.

『자성소』에서
"몸에는 '거짓 몸'과 '진짜 몸'이 있다. 중생의 몸과 마음으로 이루어진 '거짓 몸'은 옷과 음식의 힘을 잠시 빌려 그 생명을 키우지만, '진짜 몸'인 '법신'은 그 어떤 모습도 없이 반야지혜로 비추는 것이다. 중생들은 '거짓 몸'을 보호하고 '진짜 몸'을 버리지만, 모든 부처님은 '진짜 몸'을 챙기고 '거짓 몸'을 버린다. 중생들은 '진짜 몸'을 몰라 '거짓 몸'에 집착하므로, 부처님께서 중생의 '거짓 몸'을 빌려 '진짜 몸'으로 이끄는 것이다. 그러므로 탁발하는 인연을 빌려 법의 기쁨에 젖는 교화를 베풀려고 한다."라고 말하였다.

그러므로 『열반경』에서 "그대 모든 비구들이 탁발했다 하더라도 처음부터 법의 즐거움으로 음식을 삼는 '대승의 법식法食'을 탁발하지 못하였다."라고 한 것이다.

여기까지 서분의 풀이를 끝마친다.

2부

무착의
칠종의구로 본
금강경

1장. 七種義句

且約無着 七種義句 以懸判

1절. 種姓不斷

謂 護念付囑.

2절. 發起行相

謂 申請讚許.

3절. 行所住處

謂 十八住.

從佛正說부터 直至經終까지

是無相行所住處矣라.

4절. 對治

謂 一一住處마다 皆具邪行하며

共見正行하는 二種對治라.[1]

---

1. 마음 다스리는 두 가지 방법 가운데 하나는 올바른 행으로 삿된 행을 다스리는 것이
   고 또 하나는 삿된 견해를 바른 견해로 바꾸어 주는 것이다. 예를 들면 제1주에서
   중생을 제도하지 않는 것이 삿된 행이므로 중생을 제도하는 바른 행으로 대치한다.
   그리고 '중생을 제도했다'고 분별하는 삿된 견해는 '제도하되 제도한 바가 없다'는
   바른 견해로 다스리는 것이다. 『금강경간정기』 참조.

1장. 칠종의구를 기준으로 정리하다

무착이 일곱 가지 뜻을 드러낸 칠종의구七種義句를 기준하여 내용을 정리하다.

1절. 부처님의 씨앗이 끊어지지 않게 한다.

이는 "모든 보살들을 잘 보살펴 주시고 배운 가르침을 잘 실천하도록 격려하여 주십니다.(護念付囑)"라고 한 구절을 말한다.

2절. 부처님의 가르침을 드러내는 모습

이는 '수보리가 가르침을 청하자 부처님께서 찬탄하며 그 청을 허락하는 구절(申請讚許)'을 말한다.

3절. 부처님의 가르침을 실천하며 머물 곳

이는 '십팔주十八住'를 말한다. 부처님께서 바로 가르침을 설하기 시작해 이 경을 마칠 때까지이니, 그 어떤 것에도 집착 없는 '무상행無相行'이 바로 머물 곳이다.

4절. 마음을 다스리는 것

이는 무상행無相行으로 머무는 곳마다 '삿된 행'을 모두 설명해 주면서 동시에 '올바른 행'을 보는 두 가지 '마음 다스림(對治)'을 말하는 것이다.

5절. 不失中道

謂 由對治로

離增減二邊하여 不失中道라.

6절. 地位

謂 由不失中道로 成賢聖位[1]

信行地[2] 淨心地[3] 如來地[4]라.

7절. 立名

謂 由前六으로 智慧堅利하고

位地濶狹故로 名金剛이라.

後四는 但約第三句中 十八住說인데

無別經文이다.

---

1. 불도를 수행하는 사람 가운데서 견도見道 이상에 도달한 사람을 성聖이라 하고, 아직 견도見道에 도달하지 않았으나 악惡을 여읜 사람을 현賢이라고 한다.
2. 신행지信行地는 보살의 수행 과정에서 십지十地 이전의 단계이다. 이것은 삼현에 해당하는 것으로 믿음에 의지하여 행을 일으키므로 신행이라 한다. 『금강경간정기』 참조.
3. 정심지淨心地는 번뇌를 떠나 마음이 청정하게 된 단계이다.
4. 여래지如來地는 부처님의 자리를 말한다.

5절. 중도를 잃지 않는 것

이는 '마음 다스리는 것(對治)'으로써 온갖 집착을 떠나 중도를 잃지 않는 것을 말한다.

6절. '무상행無相行으로서 머무는 곳'의 위치

이는 중도를 잃지 않고 싱인과 현자의 위치로서 '신행지信行地', '성심지淨心地', '여래지如來地'를 성취한 것을 말한다.

7절. 경의 이름을 내세운 것

이는 '앞의 1절부터 6절까지'의 내용으로 말미암아 흔들림 없는 지혜가 통하여 어떤 지위에도 구애받지 않으므로 '금강'이라 이름 붙인 것을 말한다.

4절부터 7절까지는 3절의 '부처님의 가르침을 실천하며 머물 곳(行所住處)'인 십팔주를 기준 삼아 말한 것인데 경전에서 이 내용을 특별히 언급한 구절은 없다.

2장. 十八住處

1절. 十八住處者[1]

1. 發心住[2]

經에 云하되

應如是降伏其心 …… 所有一切 …… 等이라하다.

2. 波羅蜜相應行住

不住色布施等이다.

---

1. 십팔주의 이름을 자세히 나열하면서 그 뜻을 간단히 풀이하고 12종류의 장애를 다스리는 것에 대하여 설명하였다. 각 주住가 경의 어느 부분을 설명하고 있는지 해당되는 부분의 문장을 인용하였는데 주住마다 인용되는 문장 첫머리가 비슷하여 혼동이 되므로 그 다음 문장이라도 비슷하지 않은 문장을 골라 인용하였다.
2. 발심이란 앞서 말한 네 가지 마음'광대심廣大心, 제일심第一心, 상심常心, 부전도심不顚倒心'을 내는 것이다. 보살이라면 처음에 반드시 이러한 마음을 내야하기때문에 발심주가 십팔주 중 가장 먼저 나오는 것이다.『금강경간정기』참조.

2장. 십팔주처

1절. 십팔주를 설명하다.

1. 도 닦을 마음을 내어 머무는 곳

이는 경에서 "이와 같이 그들의 마음을 다스려야 하니, 온갖 중생들, 즉 알에서 태어난 중생, 모태에서 태어난 중생, 습기에서 태어난 중생, 생긴 모습을 바꾸어 태어난 중생, 형체가 있는 중생, 형체가 없는 중생, 분별이 있는 중생, 분별이 없는 중생, 분별이 있는 것도 아니고 없는 것도 아닌 중생 이 모두를 '번뇌가 다 사라진 열반'에 들게 하여 제도해야겠다는 마음을 내야 하느니라."라고 말한 부분이다.

2. 바라밀에 상응하여 머무는 곳

이는 경에서 "형색에 얽매이지 않으며, 소리·냄새·맛·촉감·마음의 대상 그 어디에도 얽매이지 않는 마음으로 보시해야 하느니라."라고 말한 부분이다.

3. 欲得色身住

可以身相見等이다.

4. 欲得法身住

法身은 有二이다.

一 言說法身[1]이니 頗有衆生等이라. 因言顯理故이다.

二는 證得法身이니 復有二種이라.

一 智相이니 如來得阿耨耶等이라.

二 福相이니 若人滿三千等이라.

---

1. '언설법신'은 말로 이치를 드러낸 것이다. 이 가르침으로 믿는 마음을 내어 부처님 세상으로 들어가기에 '언설법신'이라 한 것이다. 『금강경간정기』 참조.

3. 여래의 색신을 얻고자 머무는 곳

이는 경에서 "몸의 모양으로 여래를 볼 수 있겠느냐? 볼 수 없습니다, 세존이시여. '몸의 모양'으로 여래를 볼 수 있는 것이 아닙니다. 왜냐하면 여래께서 말씀하시는 '몸의 모양'은 '어떤 실물로 나타난 몸의 모양'이 아니기 때문입니다."라고 말한 부분이다.

4. 여래의 법신을 얻고자 머무는 곳

법신에는 둘이 있다. 하나는 '언설법신言說法身'으로 경에서 "어떤 중생들이 이런 가르침을 듣고 참된 믿음을 낼 수 있겠습니까?"라고 말한 부분이니, 말로 이치를 드러내기 때문이다.

또 하나는 '증득법신證得法身'[1] 이니 여기에 또 두 가지가 있다. 첫 번째 '지상智相'이니, 경에서 "여래께서 '더할 나위 없이 높고도 올바른 깨달음'을 얻었느냐? 여래께서 말씀하신 법이 있겠느냐?"라고 말한 부분이다. 두 번째 '복상福相'이니, 경에서 "만약 어떤 사람이 삼천대천세계를 일곱 가지 보배로 가득 채워 보시한다면 이 사람이 얻는 복덕이 얼마나 많겠느냐?"라고 말한 부분이다.

---

1. 증득법신은 증득한 깨달음이기에 지혜와 복을 갖추고 있다. 이것을 지상智相과 복상福相으로 표현하고 있다. 무상무위법으로 지상을 삼기에 '더할 나위 없이 높고도 올바른 깨달음'이라 할 만한 결정된 법이 없으며, 또한 여래께서 말씀할 만한 정해진 법도 없다. 복상은 경을 지녀 설한 공덕으로 깨달음을 얻기에 복상이라 한 것이다. 『금강경간정기』 참조.

5. 於修道得勝中無慢住

須陀洹等이라.

從此로 至十六住까지

如次對治十二種障이니

意明 欲求色身法身 須離是障이라.

障盡故로 入十七證道니

今當對治第一慢障이라.[1]

6. 不離佛出時住

昔在然燈等이라.

離第二少聞障이니

不離佛世하면 則具多聞이라.

---

1. 5주에 들어서 비로소 장애를 다스리는 법을 이야기하는 것은 먼저 발심하고(1주)
육바라밀로 수행하며(2주), 불과인 여래의 색신과 법신을 구하기 때문이다.(3, 4주)
이렇게 닦아 나가는 데 장애가 있을까 하여 5주부터는 장애를 벗어나는 법에 대해
서 이야기한다. 『금강경간정기』 참조.

96

5. 도를 닦다가 수승한 경계를 얻어도 게으름 없이 머무는 곳

경에서 "욕망으로 살아가는 세계에서 '나에 대한 집착' '계율과 의식에 대한 집착' '법에 대한 의심'이 끊어져 성자의 흐름에 든 사람 수다원이 '나는 수다원의 지위를 얻었다'는 생각을 낼 수 있겠느냐?"라고 말한 부분이다.

이 5주부터 16주에 이르기까지 차례대로 열두 종류의 장애를 다스리니, 그 의도는 색신과 법신을 구하려고 집착하는 이 두 가지 장애를 떠나야 함을 밝히는 것이다. 장애가 다 없어지면 도를 증득하여 머무는 '17증도주證道住'에 들어간다. 지금 이 5주는 첫 번째 장애인 '잘났다는 마음'을 다스린다.

6. 부처님이 세상에 계실 때 떠나지 않고 머무는 곳

경에서 "여래가 옛날 불꽃처럼 빛나는 연등 부처님이 계신 곳에서 얻은 법이 있겠느냐?"라고 말한 부분이다.

두 번째 장애인 '부처님 법문을 많이 듣지 못함'을 벗어나니, 부처님 곁을 떠나지 않으면 많은 법문을 듣게 되기 때문이다.

7. 願淨佛土住

菩薩莊嚴佛土不等이라.

離小攀緣作念修道障이니

緣形相土則小요

無緣則大니 契法界故라.[1]

8. 成熟衆生住

人身如須彌等이라.

離捨衆生障이니

若見大小하면 不能濟物이라.[2]

---

1. 형상이나 소리 등의 상相으로 국토를 삼으면 한계가 있으니 작은 원력이 되는 것이
   다. 상相을 취하지 않으면 분별이 일어나지 않아 한계가 없으니 그러므로 큰 원력이
   된다. 『금강경간정기』 참조.
2. 크고 작은 것을 보고 분별한다는 것은 지위의 높고 낮음, 좋아함과 싫어함 등의
   분별심이 있어 마음을 평등하게 쓰지 못하는 것이니 이런 마음으로는 중생을 제도
   할 수 없다. 『금강경간정기』 참조.

7. 불국토를 깨끗이 하려는 원력에 머무는 곳

경에서 "보살이 부처님의 국토를 장엄하겠느냐?"라고 말한 부분이다.

'작은 반연을 도 닦는 것이라고 생각한 장애'를 벗어나니, 형상의 국토를 반연하면 작은 원력이요, 반연하는 것이 없다면 큰 원력이니 법계와 하나가 되기 때문이다.

8. 중생을 깨닫게 하고자 머무는 곳

이는 경에서 "어떤 사람의 몸이 거대한 수미산과도 같다면 그대는 어떻게 생각하느냐? 그 몸이 크다고 할 수 있겠느냐?"라고 말한 부분이다.

'중생을 버리려고 하는 마음의 장애'에서 벗어나니, 만약 크고 작은 것을 보고 분별하면 중생을 제도할 수 없기 때문이다.

9. 遠離隨順外論散亂住

如恒河中所有沙等이라.

離樂隨順外論散亂障[1]이니

恒沙寶施도 不及持經인데

如何外學하여 不修正法이리오.

10. 色及衆生身搏取中 觀破相應行住

三千世界所有微塵等이라.

離破影像相中無巧便障이니

旣離散亂하여 與定相應이면

以細末不念二種方便으로

破麤至細하고 泯細至空則

除影像之相想이라.

---

1. 외론에서는 명리를 추구하며 삿된 도리를 말하고 있으므로 이를 따르면 산란해질
   수밖에 없다. 『금강경간정기』 참조.

9. 외도의 어지러운 논쟁을 멀리 벗어나 머무는 곳

경에서 "갠지스 강 모래알 수만큼이나 많은 갠지스 강이 있다면, 그대는 어떻게 생각하느냐? 이 모든 갠지스 강에 있는 모래알 수를 많다고 할 수 있겠느냐?"라고 말한 부분이다.

'외노의 성전을 즐겨 보다 산란해지는 장애'를 벗어나니, 갠지스 강 모래 수만큼 많은 보배를 보시해도 경을 지닌 공덕을 따라오지 못하는데, 어찌 외도의 법을 배우느라 정법을 닦지 않는단 말인가?

10. 세상과 중생이 어울려 상응하는 경계를 보고 타파하여 머무는 곳

경에서 "삼천대천세계를 이루고 있는 모든 티끌의 수가 많겠느냐?"라고 말한 부분이다.

'그림자 같은 모습을 벗어날 뛰어난 방편이 없는 장애'를 벗어나니, 이미 산란한 마음을 떠나 선정과 하나가 되면 '세말細末 방편'으로 거친 번뇌를 타파하여 미세한 경계에 이르고, '불념不念 방편'으로 미세한 경계조차 사라져 '공'이 되면 '그림자 모습 같은 상념'들은 없어진다.

11. 供養給侍如來住

可以三十二相見如來不等이라.

離福資粮不具障이니

不以相見하고 常見法身을 名爲給侍라하다.

福無邊矣라.¹

12. 遠離利養 及疲乏熱惱故 不起精進及退失住

恒沙身命布施等이라.

離樂味懈怠利養²障이니

恒沙命施해도 猶劣受持인데

豈爲一身 耽着利養하고 身疲心惱하여 而懈怠耶아.

---

1. 뒷날 공부하는 복덕을 갖추기 위하여 부처님을 공양하며 복덕을 쌓아 놓는 것을 '복자량福資粮'이라 한다.
2. 재물에 욕심 부리는 것을 '이利'라 하고 그 이익을 즐기는 것을 '양養'이라 한다.

11. 여래께 공양 올리고 시봉하며 머무는 곳

경에서 "'서른두 가지 뛰어난 모습'으로 여래를 볼 수 있겠느냐?"라고 말한 부분이다.

'공부할 복덕을 갖추지 못한 장애'를 벗어나니, 부처님을 마주하고 모시는 것이 아니라 늘 부처님 법신을 생각하는 것이다. 이를 일러 '부처님을 공양하고 시봉한다'라고 하니, 그 복덕이 끝이 없기 때문이다.

12. 이양과 병으로 공부하지 못해 도에서 물러날 곤경을 벗어나 머무는 곳

경에서 "수보리야, 만약 어떤 선남자 선여인이 갠지스 강의 모래알 수만큼이나 많은 몸과 목숨을 바쳐 보시했더라도"라고 말한 부분이다.

게으름과 이익을 탐하는 것에 빠지는 장애를 벗어나니, 항하사와 같은 목숨을 보시해도 경전을 받아 지닌 복덕에는 미치지 못하는데, 어찌 이 한 몸 편하고 이익이 있는 것에만 탐착하여 몸과 마음이 괴롭고 피곤하다 하여 공부하는 데 게으름을 피울 수 있겠느냐?

13. 忍苦住

忍波羅蜜의 割截身等이라.

離不能忍苦障이니

無我等相이면 累苦能忍이라.

14. 離寂靜味住

當來之世에 若有能於此經에 受持讀誦等이라.

離智資粮不具障이니

日三時

捨身 一一沙數라도 不及信經인데

如何唯專禪定 耽寂靜味하여 闕於智慧이어 而不持說이오.

104

13. 참는 고통의 실체를 알고 머무는 곳

이는 경에서 "'깨달음으로 가는 인욕'도 여래께서 어떤 실체가 있어 참아야 하는 '깨달음으로 가는 인욕'이 아니라고 말씀하시므로 이를 일러 '깨달음으로 가는 인욕'이라고 하느니라. 무슨 까닭이겠느냐, 수보리야. 옛날에 가리왕이 예리한 칼로 나의 몸을 잘라서 토막 낼 때"라고 말한 부분이다.

고통을 참을 수 없는 장애를 벗어나니, '나'와 '남'이라는 모습에 집착이 없으면 온갖 고통을 참을 수 있기 때문이다.

14. 선정의 고요한 맛을 떠나 머무는 곳

이는 경에서 "오는 세상에 선남자 선여인이 이 경을 받아 지녀 읽고 외운다면, 여래께서 깨달음의 지혜로 이 사람들을 다 알고 보시니, 이들 모두는 헤아릴 수 없이 많은 공덕을 성취할 것이니라."라고 말한 부분이다.

깨달음의 바탕이 되는 지혜를 갖추지 못한 장애를 벗어나니, 하루에 세 번씩 항하 모래알 수만큼 몸을 바쳐 보시했다 하더라도, 경을 믿는 공덕에는 미치지 못하는데, 어찌 선정의 고요한 맛에만 집착하여 지혜가 없어져 경을 설하지 못한단 말인가?

15. 於證道時 遠離喜動住

云何住降伏等이라.

離十一不自攝障이니

我能住降하여 心生喜動하니

動則 不能自攝이라.

16. 求佛敎授住

於然燈佛所에 有法得菩提等이라.

離十二無敎授障이니

欲入初地[1]하려면 須佛敎授니라.

故로 約遇佛하여야 得無所得이어 而證道矣라.

---

1. 보살이 수행하는 계위인 52위 가운데 십지十地의 첫 단계이다. 선근과 공덕을 원만
히 쌓아 비로소 성자의 경지에 이르러 기쁨에 넘치는 단계라고 해서 환희지歡喜地
라고 한다.

15. 도를 증득할 때 기뻐하는 마음을 멀리 벗어나 머무는 곳

이는 경에서 "'더할 나위 없이 높고도 올바른 깨달음'을 얻고자 마음을 낸 선남자 선여인은 어떻게 살아야 하며 어떻게 마음을 다스려야 합니까?"라고 말한 부분이다.

'스스로 극복하지 못하는 열한 가지 장애'를 벗어나니, 내가 마음을 잘 다스려 산다고 기뻐하는 마음을 내어, 기뻐하는 '나'가 있어 마음이 흔들리면 스스로 온갖 장애를 극복할 수 없기 때문이다.

16. 부처님의 가르침을 구하며 머무는 곳

이는 경에서 "여래께서 불꽃처럼 빛나는 연등 부처님 처소에 계실 때에 '올바른 깨달음이란 법'을 얻은 것이 있겠느냐?"라고 말한 부분이다.

'열두 가지 가르침이 없는 장애'를 벗어나니, 초지初地에 들려면 반드시 부처님의 가르침을 받아야 한다. 부처님을 만나야 '얻을 바 없음'을 얻어 도를 증득할 수 있기 때문이다.

17. 證道住

人身長大等이라.

攝種性智로
證徧行如하여 成法報身이니
故로 長大矣라.

18. 上求佛地住

於中에 復有六種具足이다.

一 國土淨具足이다.

我當莊嚴佛土等이니
此는 敎二地已上諸大菩薩이라.

二 無上見智淨具足이다.
有肉眼不等이라.

此下는 皆唯佛果이니 故로 云하되 無上이라하다.

17. 도를 증득하여 머무는 곳

이는 경에서 "수보리야, 비유하면 사람의 몸이 참으로 큰 것과 같으니라."라고 말한 부분이다.

온갖 성품의 중생을 제도할 수 있는 지혜로, 두루 행해지는 여여한 경계를 증득하여 법신과 보신을 성취하니, 그러므로 '장대長大'라고 한 것이다.

18. 위로 부처님의 세상을 구하여 머무는 곳

'부처님의 세상을 구하여 머무는 곳'은 다시 여섯 가지가 온전하게 갖추어진 것으로 나누어 볼 수 있다.

첫째, '본디 맑고 깨끗한 부처님 국토'가 다 갖추어져 있다. 경에서 "수보리야, 보살이 만약 '내가 부처님의 국토를 장엄하리라' 말한다면 이를 일러 보살이라 할 수 없다."라고 말한 부분으로 이지二地 이상의 대보살을 가르치는 내용이다.

둘째, '본디 맑고 깨끗한 무상견지無上見智'가 다 갖추어져 있다. 경에서 "여래에게 '육신의 눈'이 있겠느냐?"라고 말한 부분이다.

나머지 네 가지는 오직 부처의 자리에 올라야 얻게 되는 것이니, 그러므로 더할 수 없이 높고 좋은 '무상無上'이라 말한다.

無上之言이 貫通下四이기때문이다.

三 福自在具足이다.
若人이 滿三千界七寶等이오

四 身具足이다.
佛可以具足色身等이다.

五 語具足이다.
汝勿謂如來說法等이다.

六 心具足이다.
佛得阿耨菩提 爲無所得耶
乃至應作如是觀이다.

'무상無上'이라는 말로 다음 네 가지를 하나로 통하게 할 수 있기 때문이다.

셋째, 복덕이 자재하여 다 갖추어져 있다.
이는 경에서 "만약 어떤 사람이 있어 삼천대천세계를 일곱 가지 보배로 가득 채워 다른 사람들에게 베푼다면 이 사람은 그 인연으로 얻게 되는 복덕이 많겠느냐?"라고 말한 부분이다.

넷째, '부처님 몸'이 다 갖추어져 있다.
이는 경에서 "수보리야, 그대는 어떻게 생각하느냐? '뛰어나게 아름다운 몸'으로 부처님을 볼 수 있겠느냐?"라고 말한 부분이다.

다섯째, '부처님 말씀'이 다 갖추어져 있다.
이는 경에서 "그대는 여래께서 '내가 설한 법이 있다' 이렇게 생각한다고 짐작하여 말하지 말라. 이런 생각을 하지 말아야 하니"라고 말한 부분이다.

여섯째, '부처님 마음'이 다 갖추어져 있다.
경에서 "세존이시여, 부처님께서 얻은 깨달음은 얻을 만한 어떤 법도 없는 것입니까? …… 집착하는 모든 현실 꿈과 같으며 그림자나 허깨비와 물거품 같고, 아침 이슬, 번개처럼 사라지는 것 이와 같은 그 실상을 보아야 한다."라고 말한 부분이다.

2절. 又十八住 略爲八種[1] 亦得滿足

一 攝住處이다.

二 波羅蜜淨住處이다.

一二는 次配이다.

三 欲住處다.

攝三及四이다.

四 離障礙住處이다.

卽前十二障也니 從五乃至十六이다.

五 淨心住處이다.

六 究竟住處이다.

上二는 次配十七十八이다.

七 廣大住處이다.

八 甚深住處이다.

上二는 各皆攝十八住處하다. 一一住中에 皆深皆廣하니라.

---

1. 8종八種이라 하였지만 차례로 올라간다는 뜻을 내포하고 있으므로 8단계라 번역
   하였다.

2절. 다시 십팔주를 여덟 단계로 나누어 묶어도 좋다.

1단계는 '도 닦을 마음을 거두어 머무는 곳'이다.
2단계는 '바라밀로 깨끗한 마음에 머무는 곳'이다.
이 1, 2단계는 십팔주의 1주와 2주에 차례대로 해당된다.

3단계는 '색신과 법신을 얻고자 머무는 곳'이다.
이 3단계는 십팔주 3, 4주의 내용을 포함한다.

4단계는 '장애를 벗어나 머무는 곳'이다.
곧 열두 가지 장애 벗어남을 말하니, 이 4단계는 십팔주의 5주부터
16주까지 해당된다.

5단계는 '도를 증득한 깨끗한 마음에 머무는 곳'이다.
6단계는 '마침내 부처님의 세상을 구하여 머무는 곳'이다.
이 5, 6단계는 십팔주 17, 18주에 해당된다.

7단계는 '광대한 원력으로 머무는 곳'이다.
8단계는 '깊고 깊은 이치로 머무는 곳'이다.
이 7, 8단계는 각각 '십팔주처' 전체에 걸쳐 해당된다. 왜냐하면 '십
팔주' 하나하나에 모두 광대한 원력과 깊은 이치가 있기 때문이다.

3절. 十八住文 配位地者[1]

第一 十住[2]이다.

第二 十行[3]中 前六이다.

三 第七行이다. 四 後三行이다.

五至十四는 如次配十廻向[4]이다.

十五 煖頂이다.

十六 忍世第一이다.[5]

十七 初地이다.

十八 從二地 乃至佛地이다.[6]

上來懸判은 竟하다.

---

1. 십팔주를 보살 52위에 따라 나누고 있다. 52위는 보살이 거듭 수행하여 깨달음에 이르는 과정을 52단계로 나눈 것이다. 곧 십신十信·십주十住·십행十行·십회향十廻向·십지十地·등각等覺·묘각妙覺이다.
2. 십주는 보살이 닦는 열 가지 수행 단계로, 진리에 안주하는 단계라는 뜻에서 주住라고 한다.
3. 십행은 보살이 수행하는 열 가지 이타행이다.
4. 십회향은 보살이 닦은 공덕을 널리 중생에게 돌리는 열 가지 회향이다.
5. 유식에서는 수행의 다섯 단계를 말하고 있는데 자량위·가행위·통달위·수습위·구경위이다. 이 중 가행위에서 중생이 해탈하기 위해 수행해야 할 네 단계를 사선근이라고 한다. 이 사선근이 난위·정위·인위·세제일위이다.
6. 십지는 보살이 수행 과정에서 거치는 열 가지 수행 단계이다. 환희지부터 시작하여 모든 번뇌를 끊어 열반을 성취한 부처의 경지인 불지佛地까지이다.

3절. 십팔주를 보살의 위치에 짝 맞추어 본다.

1주는 십주十住에 해당된다.

2주는 십행十行 가운데 육행까지이다.

3주는 십행 가운데 칠행이다.

4주는 십행 가운데 나머지 삼행이다.

5주부터 14주까지는 차례대로 십회향十廻向에 대응된다.

15주는 '난위煖位'와 '정위頂位'이다.

16주는 '인위忍位'와 '세제일위世第一位'이다.

17주는 '초지初地'이다.

18주는 '보살십지'의 '이지二地'부터 '불지佛地'까지이다.

위에서 단락을 나누어 뜻을 드러내 정리하는 것을 끝마쳤다.[1]

---

1. 십팔주를 보살의 위치와 짝 맞추어 본다는 것은 각각의 주가 52위 각 단계와 맞아떨어져 그 의미가 상통한다는 것이 아니다. 사실 십팔주와 52위를 구체적으로 비교해 보면 그 내용이 대부분 맞지 않다. 단지 번뇌가 사라질수록 경계가 점점 높아지는 것이, 수행하면서 52위 각 단계로 점점 올라가는 과정과 비슷하기에 이런 뜻에서 대략적으로 배대한 것이라고 보면 된다. 『금강경간정기』 참조.

3부

세친의
이십칠단의로 본
금강경

依天親論 約答問斷疑 科釋 總分四段

1장. 善現申請 又二

1절. 整儀讚佛

時 長老 須菩提
시 장로 수보리

在大衆中 卽從座起 偏袒右肩 右膝着地
재 대 중 중 즉 종 좌 기 편 단 우 견 우 슬 착 지

合掌恭敬 而白佛言 希有 世尊 如來 善護念 諸菩薩 善付囑
합 장 공 경 이 백 불 언 희 유 세 존 여 래 선 호 념 제 보 살 선 부 촉

諸菩薩
제 보 살

長老者 德長年老이다.

唐譯에 云하되
具壽라하니 壽卽是命이라.

魏譯에 云하되
慧命이라하니 以慧爲命이라.

『천친론』에서 묻고 답하여 의심을 끊는 내용을 기준하여 단락을 풀이하니 모두 네 부분으로 나눈다.

1장. 수보리가 가르침을 청함

1절. 위의를 정리정돈하고 부처님을 찬탄하다

그때 장로 수보리가 대중 가운데에서 일어나 오른쪽 어깨를 드러낸 차림으로 오른 무릎을 꿇으면서 두 손을 모아 합장하고 공경하는 마음으로 부처님께 사뢰었습니다.
"참으로 경이롭고 희유하십니다, 세존이시여. 여래께서는 모든 보살들을 잘 보살펴 주시고 배운 가르침을 잘 실천하도록 격려하여 주십니다."

'장로長老'는 덕이 높고 나이가 많은 사람을 말한다. 당나라 번역은 오래 사신 분이라는 뜻의 '구수具壽'라고 하니, '수壽'가 곧 '수명壽命'이기 때문이다. 위나라 번역에서는 '혜명慧命'이라 하였으니, 지혜로써 생명을 삼기 때문이다.

須菩提는 有三義譯하여

謂 善吉 善現 空生¹이라하니

生時 室空이어 解空之善瑞가 現矣일새니라.

相師 占云하되 有善唯吉이라하다.

從座起下는 皆整理威儀니 修敬之相이다.

希有者 世所無故요 如來者 從如而來이다.

論에 云하되

善護念者 依根熟菩薩說하니

謂 與智慧力하여 令成就佛法케하고

與敎化力하여 令攝取衆生케하다

善付囑者 依根未熟菩薩說하니 懼其退失하여 付授智者이다.

付者 將小付大요 囑者 囑大化小니라하다.

---

1. 공생空生은 부처님 10대 제자 가운데 해공제일解空第一 '수보리'의 의역이다. 『법화 문구』에 수보리가 태어날 때 집안에 있는 창고의 상자와 그릇 등이 모두 없어져 텅 비어버렸다고 한다. 점을 치는 사람에게 물어보니 그 사람이 "참으로 길한 일입 니다. 텅 빈 것으로 태어났으니 공생空生이라 부르지요."라고 말하였다.

'수보리'는 세 가지 뜻으로 번역하여 '선길善吉' '선현善現' 혹은 '공생空生'이라 하니, 이 가운데 '공생空生'은 태어 날 때 방이 텅 비어 공을 이해할 수 있는 상서로운 좋은 징조가 나타났기 때문이다. 또 어떤 점술사가 점을 쳐서 "착하고 좋은 일만 있다."라고 하였다고 해서 '선길善吉'이라 한다.

"대중 가운데서 일어나" 이하는 모두 위의를 정돈하는 것이니, 존경하는 모습이다.

"경이롭고 희유하십니다."라고 한 것은 세상에 없기 때문이요, '여래'는 여여한 세상에서 오신 분이라는 뜻이다.

『천친론』에서
"선호념善護念은 근기가 성숙한 보살을 염두에 두고 말하는 것이니, 지혜의 힘을 주어 불법을 성취케 하고, 교화의 힘을 주어 중생을 제도하게 하는 것이다. '선부촉善付囑'은 근기가 미숙한 보살을 염두에 두고 말하는 것이니, 그들이 공부에서 물러설까 염려하여 지혜를 전수하는 것이다. '부付'는 지혜가 없는 사람에게 부처님의 지혜를 주는 것이요, '촉囑'은 큰 지혜를 지닌 대보살에게 지혜가 없는 사람을 교화하라고 부탁하는 것이다."라고 하였다.

菩提薩埵는

此云 覺有情[1]이니 三釋이라.

一 約境이니

所求所度이다.

二 約心이니

有覺悟之智요 餘情慮之識이다.

三 約能所니

所求能求라.

三皆 如次 配覺及有情이니라.

---

1. 보살은 '보리살타'의 줄인 말이다. '보리菩提'는 '깨달음'이나 '지혜', '도道'라는 뜻
을 갖고 있고, '살타薩埵'는 '중생' 또는 '유정有情'이라는 뜻을 갖고 있다. 따라서
보살을 '각유정覺有情' '대각유정大覺有情' '도심중생道心衆生'이라고 번역하기도
한다. 위로는 밝은 지혜로 부처님의 세상을 추구하고, 아래로는 따뜻한 자비로 모
든 중생을 보살피는 것이 바로 '소구소도所求所度'이다. 밝은 지혜로 부처님의 세
상을 추구한다는 것은 스스로를 이롭게 하는 수행이고, 따뜻한 자비로 모든 중생
을 보살핀다는 것은 다른 이를 이롭게 하는 보살행이다. 이것이 '소구능구所求能
求'이다.

'보리살타'는 범어로 'bodhisattva'라 하고 번역하면 '각유정覺有情'이니 세 가지 풀이가 있다.

첫째는 '대상'을 기준하여 풀이하는 것이니, '각'은 '얻고자 하는 것'이요, '유정'은 제도할 대상이기 때문이다.

둘째는 '마음'을 기준하여 풀이하는 것이니, '각'은 깨달음의 지혜가 있는 것이요, '유정'은 중생의 시비분별인 '알음알이'가 남아 있기 때문이다.

셋째는 '능소能所'를 기준하여 풀이하는 것이니, 보살의 입장에서는 '각'은 깨달음이니 추구되어야 할 대상(所求)이요, '유정'은 교화해야 할 대상(能求)이기 때문이다.

이 세 가지 기준은 모두 차례대로 '각'과 '유정'을 배대한 것이다.

世尊 善男子 善女人 發阿耨多羅三藐三菩提心 應云何住
세존 선남자 선여인 발아뇩다라삼먁삼보리심 응운하주

云何降伏其心
운하항복기심

曲分爲二하리니

先擧當機라.

華嚴에 云하되

忘失菩提心하고 修諸善業者는 魔所攝持라하다.

阿耨多羅三藐三菩提는 此云 無上正徧正覺이라.

謂 正智 徧智로 覺知眞俗하여 不偏不邪라.

124

> "세존이시여! '더할 나위 없이 높고도 올바른 깨달음'을 얻고자
> 마음을 일으킨 선남자 선여인들은 어떻게 살아가야 하며 어떻
> 게 마음을 다스려야 합니까?"

이 부분을 두 가지로 자세히 나누어 본다.

첫째는 먼저 해당되는 근기를 든다.
『화엄경』에서 "깨달음을 잊고 수행하는 사람은 마구니 된다."라
고 하였다.

'아뇩다라삼먁삼보리'는 '더할 나위 없이 높고도 올바른 깨달음'이
다. '올바른 지혜', '두루 모든 것을 아는 지혜'라 말할 수 있으며 '진
眞'과 '속俗'의 이치를 깨달아 어느 한쪽으로 치우치지도 않고 삿되
지도 않은 깨달음을 말한다.

後正申問이다.

魏譯에 云하되

應云何住 云何修行 云何降伏其心하리오했는데

意云은

若人 發菩提心已에

住何境界 修何行業하며 妄心若起하면 云何降伏이오.

故로 佛이 令安住四心[1] 修六度行케하고

於中降心하여 不令着想케하니라.

秦譯에 略修行者는

意云에 住道降心이 卽是修行이라.

謂 四心六度[2]를 皆名住修降伏이라하다.

故로 無着은 云하되

住는 謂 欲願이고 修行은 謂 相應等持이며 降伏은 謂 彼心이 若散이면

制令還住케하라하다.

又 十八住中 一一皆 以住修降伏으로 釋之하니

故로 知 約義雖三해도 而行是一이니라.

---

1. 네 가지 마음은 광대심廣大心·제일심第一心·상심常心·부전도심不顚倒心이다.
2. 육도는 보시·지계·인욕·정진·선정·지혜 이 여섯 가지 바라밀을 말한다.

둘째는 바로 묻는다.

위나라 번역에서는 "어떻게 살아가야 하며, 어떻게 수행하여 어떻게 마음을 다스려야 합니까?(應云何住 云何修行 云何降伏其心)"라고 하였는데, 그렇게 번역한 의도는 "어떤 사람이 깨달음을 얻고자 마음을 일으킨 뒤에 어떤 경계에 머물고 어떤 행을 닦아야 하며, 허망한 마음이 일어나면 어떻게 그 마음을 다스려야 합니까?"라고 묻고 있는 것이기 때문이다. 그러므로 부처님께서는 '네 가지 마음'에 안주하여 육바라밀을 닦게 하고, 그 가운데 마음을 잘 다스려 망상에 집착하지 않게 하신 것이다.

진나라 번역에서 '어떻게 수행하여(云何修行)'란 내용이 생략된 것은, '도에 머물러 살아가면서 마음을 다스리는 것이 곧 수행'임을 의미하기 때문이다. 이는 '네 가지 마음'과 육바라밀 모두를 일러, '주수항복住修降伏'이라고 말한 것이다. 그러므로 무착은 이르기를 "주住는 원력대로 살고 싶음을 말하고, 수행은 이 원력에 상응하여 똑같이 살아가고 있음을 말하며, 항복降伏은 이 마음이 흐트러지면 이 마음을 잘 다스려 제자리로 돌려놓음을 말한다."라고 하였다.

또 십팔주 하나하나 모두 '주수항복住修降伏'으로써 풀이하니, 그러므로 뜻은 세 가지를 기준해도 수행은 하나임을 알아야 한다.

2장. 如來讚許 曲分爲三

佛言
불언

善哉善哉 須菩提 如汝所說 如來 善護念 諸菩薩 善付囑 諸
선재선재 수보리 여여소설 여래 선호념 제보살 선부촉 제

菩薩 汝今諦聽 當爲汝說 善男子 善女人 發阿耨多羅三藐
보살 여금제청 당위여설 선남자 선여인 발아뇩다라삼먁

三菩提心 應如是住 如是降伏其心
삼보리심 응여시주 여시항복기심

1절. 印讚所讚

重言善哉는 讚美之極이라.

護付能令佛種不斷은

是事必然이니

故로 印讚하여 言하되

如汝所說이라하니라.

2장. 여래께서 수보리의 청을 찬탄하고 받아들임

부처님께서 말씀하셨다.

"참으로 잘 물었다, 수보리야. 그대의 말대로 여래께서는 모든 보살들을 잘 보살펴 주시고 배운 가르침을 잘 실천하도록 격려하여 주시느니라. 이제 그대를 위하여 설하리니 잘 들어라. '더할 나위 없이 높고도 올바른 깨달음'을 얻고자 마음을 일으킨 선남자 선여인들은 이와 같이 살아야 하며 이와 같이 마음을 다스려야 할 것이니라."

1절. 수보리의 찬탄을 인정하고 칭찬하다.

거듭 "참으로 잘 물었다.(善哉)"라고 말씀하신 것은 칭찬의 극치이다. 여래께서 모든 보살을 잘 보살펴 주고 배운 가르침을 잘 실천하도록 격려하여 부처님의 씨앗이 끊어지지 않도록 하는 것은 당연한 일이니, 부처님께서 수보리의 찬탄을 받아들여 "그대의 말과 같다."라고 하신 것이다.

2절. 勅聽許說

無以生滅心行으로 聽實相法이다.

智論偈에 云하다.

聽者端視如渴飮하여야
一心入於語義中하고
踊躍聞法心悲喜라
如是之人可爲說이라.

3절. 標勸將陳

我當爲汝하리니
如是如是 委細而說하다.

2절. 잘 들어라 하며 설법의 청을 받아들임

중생은 끊임없이 많은 생각을 일으키고 있으므로 '생멸이 없는 실상'의 법을 들을 수 없다.

『지도론』 게송에서 말하였다.

"목이 마른 사람처럼 간절하게 법 들어야
한마음에 말한 뜻을 정확하게 알아듣고
가슴 뛸 듯 법을 들은 그 마음에 벅찬 기쁨
이와 같은 사람 위해 법 설할 수 있으리라."

3절. 가르침 듣기를 권하면서 법을 설하려고 함

"이제 그대를 위하여 법을 설하리니 잘 들어라."라고 하면서, 이와 같다, 이와 같다 하시며 법을 끊임없이 자세하게 설해 가는 것이다.

3장. 善現佇聞

唯然 世尊 願樂欲聞
유 연 세 존 원 요 욕 문

唯者 順從之辭라.

禮對 曰 唯요 野對 曰 阿니라.

十地經[1]에 云하되

如渴思冷水 如飢思美食

如病思良藥 如衆蜂依蜜하듯

我等도 亦如是하여 願聞甘露法이라하다.

---

1. 『십지경』은 『화엄경』 중 십지보살의 수행과정을 담고 있는 '십지품'이 단일 경전으
로 만들어진 것이다.

3장. 부처님의 가르침을 기다리다

> "네, 세존이시여. 기쁜 마음으로 듣겠사옵니다."

'유唯'는 '네' 하며 순종하는 말이다. 경의를 표하며 대답함을 '유唯'라 하는 것이요, 거칠게 대답함을 '아阿'라 한다.

『십지경』에서 "목마른 사람이 시원한 물을 생각하듯, 굶주린 사람이 맛있는 음식을 생각하듯, 병든 사람이 좋은 약을 찾듯, 벌떼가 꿀물에 달려들듯 저희들도 이처럼 부처님의 감로법 듣기를 원하옵니다."라고 하였다.

4장. 如來正說 於中文二

1절. 初文(正答所問) 分二

1. 擧總標別 以牒問

佛告 須菩提
불고 수보리

諸菩薩摩訶薩 應如是降伏其心
제 보살 마 하 살 응 여 시 항 복 기 심

2. 約別顯摠 以答問 文中二

此以降伏으로 爲摠이요 住修로 爲別也라.

謂修之中에 皆有降伏이니

經意在此故로 唯標降伏이니라.

4장. 여래께서 바로 설하시다

첫째는 물음에 바로 답한 것이다.

둘째는 의심하는 내용에 따라 그 의심을 끊어준 것이다.

1절. 바로 물음에 답하니 둘로 나눈다.

1. 큰 틀을 들어 따로 그 내용을 드러내 물음에 답한다.

> 부처님께서 수보리에게 말씀하셨다.
>
> "수보리야, 모든 보살마하살은 이와 같이 그들의 마음을 다스려
> 야 하니"

2. 내용을 기준하여 큰 틀을 드러내 문답하니 그 내용에 두 가지가 있다.

이는 '마음 다스림(降伏)'으로 '큰 틀'을 삼고, '머물러 살아가는 곳
(住)'과 '수행하는 것(修)'을 '내용'으로 삼기 때문이다. '머물러 살아
가는 곳'과 '수행하는 것' 모두 이미 '마음 다스림'이 갖추어져 있다
고 말할 수 있다. 경의 뜻이 이러하므로 오직 '마음 다스림(降伏)'만
언급하고 있다.

有科此標 云하되

擧後攝初者라함은

乃令經文 極不穩暢이요 理例顚倒라.

自古로

言敎에 秖有以初攝後일뿐 未聞將後攝初이다.

況詳經文해도 無別答降伏之處라하다.

卽知 降伏이 在住修中이어다.

住修는 皆令離相이니 是答降伏問也니라.

不別答者는 此經은 宗於離相하고

離相이 正是降心이니라.

本意가 欲明 降心 因約住修하려

以顯 住修降伏 本不相離니라.

故로 無着 十八住中에도

每住 皆有住修降伏이니라.

대운은 이 부분에 대하여 "뒤의 문장을 가져와 앞의 문장을 설명한다고 한 것은, 경의 문장을 제대로 풀어낸 것이 아니요, 이치로도 잘못되었다. 예로부터 가르칠 때, 앞 문장에서 뒤의 글을 설명해주는 경우는 있으나, 뒤의 문장으로 앞의 글을 설명한다는 말은 아직 듣지 못하였다. 하물며 경의 문장을 자세히 살펴도 '마음 다스림(降伏)'을 따로 답한 곳은 없다."라고 하였다.

곧 '마음 다스림(降伏)'이 '머물러 살아가는 곳(住)'과 '수행하는 것(修)'에 있다는 것을 알아야 한다. '머물러 살아가는 곳(住)'과 '수행하는 것(修)'은 모두 '모습에 대한 집착을 떠나게 하는 것'이니, 이것이 '어떻게 마음을 다스려야 하는가(降伏)'에 대한 답이다. 따로 답하지 않았다는 것은, 이 경이 '모습에 대한 집착을 떠난 것'을 으뜸으로 삼고, '모습에 대한 집착을 여읜 것'이 바로 '마음 다스림(降伏)'이기 때문이다.

『금강경』의 본래 의도가 '마음 다스림(降伏)'이 '머물러 살아가는 곳(住)'과 '수행하는 것(修)'을 기준으로 삼고 있음을 밝히려고 하는 것이기 때문에, '머물러 살아가는 곳(住)'과 '수행하는 것(修)', '마음 다스림(降伏)'이 본디 서로 벗어나지 않았음을 드러내는 것이다. 그러므로 무착의 '십팔주' 가운데도 하나하나 모두 '머물러 살아가는 곳'과 '수행하는 것', '마음 다스림'을 말하고 있다.

1) 答安住降心問 又四

⑴ 廣大心

所有一切 衆生之類 若卵生 若胎生 若濕生 若化生
소유일체 중생지류 약난생 약태생 약습생 약화생

若有色 若無色 若有想 若無想 若非有想非無想
약유색 약무색 약유상 약무상 약비유상비무상

三界普度故로

云하되 廣大心也이라하다.

初句는 標요 若卵下는 列이라.

列中에 文三이다.

가. 受生差別

天獄은 化生이요 鬼通胎化[1]다.

人畜은 各四이고

諸餘微細 水陸地空은 不可具分品類니라.

---

1. '지행나찰地行羅刹'과 '귀자모鬼子母'는 모두 태생이다. 귀자모가 목련존자에게 "나는 주야로 500명의 자식을 낳아 다 잡아먹지만 배가 부르지 않습니다."라고 한 적이 있으니, '태생胎生'의 귀신도 있는 줄 알겠다. 나머지 귀신은 모두 화생化生 이다.『금강경간정기』참조.

138

1) '네 가지 마음에 안주하여 마음 다스리는 것'에 대한 물음에 답하니 그 내용에 다시 네 가지가 있다.

(1) 크고 넓은 마음

> 온갖 중생들, 즉 알에서 태어난 중생, 모태에서 태어난 중생, 습기에서 태어난 중생, 생긴 모습을 바꾸어 태어난 중생, 형체가 있는 중생, 형체가 없는 중생, 분별이 있는 중생, 분별이 없는 중생, 분별이 있는 것도 아니고 없는 것도 아닌 중생 이 모두를

삼계의 중생을 두루 제도하므로 이를 일러 '크고 넓은 마음'이라 한다. '온갖 중생들(所有一切 衆生之類)'이란 표현은 전체적으로 드러낸 말이요, '알에서 태어난 중생(若卵生)' 구절부터는 구체적으로 그 내용을 설명한 것이다. 설명한 내용에는 세 가지가 있다.

가. '이 생을 받을 때 나타나는 차별'로 드러나는 중생이다.

천상과 지옥의 중생은 '화생化生'이요 귀신은 '태생胎生'과 '화생化生'에 통한다. 인간과 축생은 태란습화 네 가지 모습이 섞여 태어나고, 나머지 물·육지·땅속·허공에서 태어나는 미세한 중생들의 온갖 모습은 너무 많기에 다 갖추어 분류할 수가 없다.

卵劣在初者는 二釋이라. 一 約境¹이니 具緣多者 爲首이다.

二는 約心²이니 從本至末 爲次이다.

나. 依止差別

有色은 四禪³이고 無色은 四空⁴이다.

다. 境界差別

功德施에 云하되 有想 則空識二處이고 無想 則無所有處이며

若非等 則有頂⁵이라한다.

---

1. 난생이 갖추어진 인연이 많다는 것은 난생이 반드시 '태·습·화'를 갖추기 때문이다. 무슨 뜻인가 하면 태어나기 전에는 태 안에 있고, 그 안은 습기가 있으며, 없다가 갑자기 생긴 것이 '화생'과 같기 때문이다. 태생은 반드시 습·화를 겸하고, 습생은 반드시 화·생을 겸하며, 화생은 다른 것을 겸하지 않으니 그저 없는 것에서 갑자기 있기 때문이다. 『금강경간정기』 참조.

2. 마음이 수상행식 사온에 의해 일어나듯 마음이 일어나는 순서를 난생, 태생, 습생, 화생 순으로 보아 난생이 그 첫 번째라는 뜻이다. 무명의 껍질이 난생이요, 그 알이 깨져 장식藏識에 들어있는 것이 태생이요, 태어남을 돕는 것이 습생이며, 태어나 없는 것이 생겼으니 화생이다. 『금강경간정기』 참조.

3. '사선四禪'은 색계의 네 가지 선정이다. '색계色界'는 '욕계의 위에 있는 세계'로서 천인天人이 거주하는 곳을 말한다. 이 세계에 거주하는 중생들은 음욕을 떠나 있기에 더럽고 거친 색법에는 집착하지 않지만, 청정하고 미세한 색법에 묶여 있으므로 '색계'라 한다. 즉 물질적인 것은 있어도 감관의 욕망을 떠난 청정한 세계로서 남녀의 구별이 없다. '사선천四禪天', '사정려처四定慮處'라고도 한다.

4. '사공四空'의 '무색계無色界'의 네 가지 경지이다. 무색계는 물질세계를 초월한 세계로서 세상의 물질을 싫어하며 벗어나고자 하여 '사무색정四無色定'을 닦은 사람이 죽은 뒤에 태어나는 '천계天界'를 말한다. 물질적 존재나 처소가 없기 때문에 공간의 개념을 초월한다. 그러나 수행한 과보의 우열로 공무변처空無邊處·식무변처識無邊處·무소유처無所有處·비상비비상처非想非非想處 네 가지로 나눈다. 이를 사무색천四無色天 혹은 사무색처四無色處라고도 한다.

5. 유정천有頂天은 '중생계(有)'에서 '가장 높은 하늘(頂)'이다.

'난생卵生'이 하열한데도 맨 처음 언급한 것에 대해서는 두 가지 풀이가 있다.

첫 번째는 '경계'를 가지고 풀이하니, 갖추어진 인연이 많음을 첫머리로 삼은 것이다.

두 번째는 '마음'을 가지고 풀이하니, 근본부터 지말까지 마음을 순서대로 정리한 것이다.

나. '중생의 몸이 의지하는 차별'로 나타나는 중생이다.

'형체가 있는 중생(有色)'은 천상에 태어나는 '사선四禪'에 해당하고, '형체가 없는 중생(無色)'도 역시 천상에 속하는 '사공四空'에 해당한다.

다 '마음의 경계로 나타난 차별'로 드러나는 중생이다.

『공덕시론』에서 "분별이 있는 중생(有想)은 '공무변처空無邊處', '식무변처識無邊處' 두 곳에 속하고, 분별이 없는 중생(無想)은 곧 '무소유처無所有處'이며, '분별이 있는 것도 아니고 없는 것도 아닌 중생(非想非非想)'은 '유정천有頂天'이다."라고 말하였다.

(2) 第一心

我皆令入 無餘涅槃 而滅度之
아개영입 무여열반 이멸도지

卽無住處涅槃은 不共二乘이니
故로 云하되 第一이라하다.

無着은 云하되
何故로 願此不可得義오. 生所攝故라하다.

又 云하되
卵濕 無想 有頂은 則不能인데 云何普入고.

有三因緣이다.

一 難處生者 待時故라.

二 非難處生이지만 未成熟者는 成熟之故라.

三 已成熟者는 解脫之故라.

142

(2) 으뜸가는 마음

> '번뇌가 다 사라진 열반'에 들게 하여 제도해야겠다는 마음을
> 내야 하느니라.

'번뇌가 다 사라져 머무를 곳이 없는 열반'은 '이승二乘의 열반'과
같지 않으니, 그러므로 '으뜸'이라 한다.

무착은 "무엇 때문에 이 얻을 수 없는 마음을 원하는가? 이 마음에
서 온갖 중생을 제도하기 때문이다."라고 하였다.

또 "알에서 태어난 중생, 습기에서 태어난 중생, 분별이 있는 중생,
분별이 있는 것도 아니고 없는 것도 아닌 중생은 제도할 수 없는데,
어떻게 이들을 다 찾아 제도하겠다 말하는가?"

"여기에는 세 가지 인연이 있다. 첫째는 제도받기 어려운 곳에 태어
난 중생은 시절인연을 기다리기 때문이다. 둘째는 제도받기 어렵
지 않은 곳에 태어났지만 아직 인연이 무르익지 않은 중생은 제도
할 인연을 무르익게 하기 때문이다. 셋째는 이미 인연이 무르익은
중생은 해탈하기 때문이다."라고 하였다.

(3) 常心

如是滅度 無量無數 無邊衆生 實無衆生 得滅度者
여시멸도 무량무수 무변중생 실무중생 득멸도자

一 性空故라.
二 同體故라.

論에 云하되
自身滅度가 無異衆生이라하다.

三 本寂故요
四 無念故이며
五 法界故니라.

(3) 늘 같은 마음

이와 같이 헤아릴 수 없이 많은 중생을 제도하였지만 실로 제도
된 중생은 하나도 없다.

첫째, 온갖 중생의 성품이 '공空'이기 때문이다.
둘째, 여여로서 '똑같은 바탕'이기 때문이다.

논에서는 "자신의 번뇌가 다 사라짐이 중생을 모두 제도한 것과
다름이 없다."라고 하였다.

셋째, 본디 '고요'하기 때문이다.
넷째, 망념이 없는 '무념'이기 때문이다.
다섯째, 진여의 '법계'이기 때문이다.

(4) 不顚倒心

何以故 須菩提
하이고 수보리

若菩薩 有我相 人相 衆生相 壽者相 卽非菩薩
약보살 유아상 인상 중생상 수자상 즉비보살

論에 云하되

遠離依止身見衆生等相이라.

故로 無着은 云하되

已斷我見이어 得自行平等相故로

信解自他平等이라.

顯示降伏心中攝散時

衆生想도 亦不轉이니

如彼爾炎[1]住故라하다.

---

1. 이염爾炎은 범어 jñeya의 음사로 '근본지根本智'를 가리킨다. 이 지혜는 '후득지後得智'를 내기 때문에, 지혜의 어머니 '지모智母'라고도 한다. 근본지는 '근본무분별지' 또는 '무분별지'나 '여리지如理智'라고 말하기도 한다. 그 자체가 진리로서 차별이 없는 절대적 지혜이니 이는 모든 지혜와 또한 '깨달은 뒤에 중생을 돕고자 하는 지혜'인 후득지를 내는 근본이 된다. 후득지는 근본지로 말미암아 분별하는 지혜를 말한다.

> "왜냐하면 수보리야, 만약 보살이 나라는 모습에 집착하고, 남이라는 모습에 집착하며, 나와 남들이 어울려 생겨나는 우리 중생이라는 모습에 집착하고, 또는 이들 모두의 생명이 영원할 것이라는 모습에 집착한다면 이는 보살이 아니기 때문이다."

논에서 "몸과 견해, 중생이라는 온갖 모습에 대한 집착에서 멀리 벗어난다."라고 하였다.

그러므로 무착은

"나에 집착하는 견해가 끊어져 저절로 평등해진 모습을 얻으므로 자타 평등임을 믿고 안다. 마음을 잘 다스려 산란한 마음이 사라질 때 중생에 집착하는 생각도 일어나지 않음을 드러내니, 이는 근본지에 머묾과 같기 때문이다."라고 하였다.

2) 答修行降心問 於中又五

(1) 總標

> 復次 須菩提 菩薩 於法 應無所住 行於布施
> 부차 수보리 보살 어법 응무소주 행어보시

於法者 統標諸法이다. 應無下는 正明修行이다.

問 菩薩萬行에 何唯說一고.

答 萬行이 不出六度니 六度 總名布施니라. 故로 偈에 云하되 檀義攝 於六[1]하니 資生無畏法[2]이라. 此中一二三 是名修行住라하다.

---

1. 『돈오입도요문론』에서는 이에 대해 다음과 같이 말한다.
   "여섯 가지 법은 나타나는 현상의 인연 따라 방편으로 세운 임시 개념일 뿐 오묘한 도리에 다다른 무명 너머 부처님 세상에서는 서로 그 내용에 다를 것이 없다. 다만 하나를 버리면 곧 모든 것을 버리는 것이요, 한 생각 일어남이 없으면 곧 어떤 생각도 일어나지 않음을 알 뿐인데, 어리석은 사람들은 이 도리를 몰라 모두 차별이 있다고 한다. 어리석은 사람들은 방편으로 설파한 여섯이라는 숫자에 걸려 영원히 생사윤회에 빠지니 도를 배우는 이들에게 알리노라. '단바라밀'만 잘 닦는다면 곧 온갖 법이 두루 오롯하게 성취될 것인데, 하물며 나머지 다섯 가지 바라밀이 어찌 이 '단바라밀'에 다 갖추어지지 않겠느냐?"
2. '자생시資生施'는 재물을 베푸는 것이요, '무외시無畏施'는 중생의 거친 마음을 어머니처럼 편안하게 감싸주는 것이며, '법보시法布施' 불법에 인연을 맺게 하여 성불할 씨앗을 심어주는 것이다.

148

2) 수행 속에서 '마음 다스리는 것'에 대한 질문에 답하니, 그 내용에 다섯 가지가 있다.

(1) 큰 틀을 드러냄

"또한 수보리야, 보살은 어떠한 대상에도 얽매이는 마음이 없이 보시해야 한다."

'어떠한 대상에도(於法)'는 온갖 법을 통틀어 말하는 것이다.

"얽매이는 마음이 없이 보시해야 한다.(應無所住 行於布施)"는 수행하는 법을 바로 밝힌 것이다.

문 : 보살의 온갖 행에서 어찌 보시 하나만 이야기 하는가?

답 : 온갖 행이 육바라밀을 벗어나지 못하니, 이 육바라밀 전체를 일러 보시라 한다. 그러므로 미륵 팔십송 세 번째 게송에서 "보시의 뜻에 육바라밀이 담겨 있으니, 보시에는 '자생시', '무외시', '법시'가 있기 때문이다. 자생시에 보시, 무외시에 지계와 인욕, 법시에 정진, 선정, 지혜바라밀이 있으니, 이를 일러 수행에 머물러 실천하는 '수행주'라 한다."라고 하였다.

無着은 云하되 若無精進이면 疲乏故로 不能說法이요 若無禪定이면 卽
貪信敬利養하니 染心說法하며 若無智慧면 便顚倒說法하리라하다.

(2) 別釋

本論은
但指三事爲色等이니
謂 自身報恩果報[1]니라.

故로 偈에 云하되

自身及報恩
果報斯不着이라
護存己不施하고
防求於異事라하다.

---

1. '보은'은 과거의 은혜를 갚는 것이요, '과보'는 미래에 있을 보답을 바라는 것이다.

무착은 "정진이 없으면 공부가 부족하므로 법을 설할 수 없을 것이요, 선정이 없으면 다른 사람이 믿고 공경해주길 바라며 제 한 몸 편한 이익만을 탐하니 오염된 마음으로 법을 설할 것이며, 지혜가 없으면 잘못된 법을 설할 것이다."라고 하였다.

(2) 구체적으로 풀이함

> 이른바 형색에 얽매이지 않으며, 소리·냄새·맛·촉감·마음의 대상 그 어디에도 얽매이지 않는 마음으로 보시해야 하느니라.

세친의 논에서는 "다만 '나' '보은' '과보' 이 세 가지가 '형색·소리·냄새·맛·촉감·마음에 얽매이는 마음'이 된다고 가리킨다."라고 하였다.

그러므로 게송에서

"나 자신이나 보은에 집착하지 않고, 그 과보에도 집착하지 않아야 한다. 자신에 집착하여 보시하려 하지 않는 마음이 일어나는 것을 잘 막아 다스리고 보은이나 과보를 바라는 일을 찾아서도 안 된다." 라고 하였다.

(3) 總結

須菩提 菩薩 應如是布施 不住於相
수보리 보살 응여시보시 부주어상

前엔 但指三事이나

今則 心境空有를 微細盡袪하다.

故로 偈에 云하되

遠離取相心이라하고

論에 云하되

不見施物受者施者¹라하며

無着은 云하되

不住相想이라하다.

有人이 將此結文하여 爲別答降伏이라하는데 非也라.

前標하고 次釋하며 此結은 皆云하되

無住 都是修中降伏之義인데 何忽偏配結文하여 爲別答問이리오.

---

1. 베푸는 사람도 공성空性이요, 받는 사람도 공성이며 오가는 재물이나 법도 공성이다. 이 모든 것이 공空일 때 또한 공空이라는 생각도 내지 않는다. 보시하여 베푸는 힘으로 없앴다는 생각도 내지 않는 것이 곧 참다운 보시이며 온갖 인연에 집착하는 마음이 다 끊어졌다고 하는 것이다.

152

(3) 전체 내용을 매듭지음

> 수보리야, 보살은 이와 같이 보시하여 어떤 모습에도 얽매이지
> 않아야 하니

앞에서는 다만 '나, 보은 과보'만 가리켰으나
지금은 마음·경계·공·유에 대한 집착을 남김없이 제거한다.
그러므로 게송에서는
"어떤 모습에 집착하는 마음을 멀리 벗어나야 한다." 하고
논에서는
"보시하는 물품, 받는 이, 주는 사람을 보지 않아야 한다." 하며,
무착은
"어떤 모습이나 생각에 머물러 집착해서는 안 된다."라고 하였다.

어떤 사람이 이 매듭짓는 글에 대하여, 따로 '마음 다스리는 것(降伏)'에 대한 답이라고 해석하는데, 이는 틀린 말이다. 앞에서 전체 내용을 드러내고, 다음에 따로 이 내용을 풀이하며, 여기서 그 내용을 매듭짓는 것은 "머물러 집착함이 없는 무주無住가 바로 '수행하는 가운데서 마음을 다스리는 뜻'이다."라고 말하고자 함인데, 어찌 갑자기 매듭짓는 이 글만 가지고 '질문에 따로 답한 것'이라고 고집하겠느냐?

(4) 顯益

何以故 若菩薩 不住相布施 其福德 不可思量
하이고 약보살 부주상보시 기복덕 불가사량

須菩提 於意云何 東方虛空 可思量不
수보리 어의운하 동방허공 가사량부

不也 世尊
불야 세존

須菩提 南西北方 四維上下虛空 可思量不
수보리 남서북방 사유상하허공 가사량부

不也 世尊
불야 세존

須菩提 菩薩 無住相 布施福德 亦復如是 不可思量
수보리 보살 무주상 보시복덕 역부여시 불가사량

初句 徵者는 論에 云하되

若離施等相想이면

云何能成施福이리오하다.

若菩薩下는 釋이라. 於中에 又三이다.

初 法說이니 爲疑無福故로

云하되 福不可思量이라하여 以斷之니라.

東方下는 喩說이니 可知로다.

> "무슨 까닭이겠느냐? 만약 보살이 어떤 모습에도 얽매이지 않고 보시하면 그 복덕은 헤아릴 수 없을 만큼 크기 때문이다."
>
> "수보리야, 그대는 어떻게 생각하느냐? 동쪽 허공의 크기를 헤아릴 수 있겠느냐?"
>
> "헤아릴 수 없습니다, 세존이시여."
>
> "수보리야, 남쪽·서쪽·북쪽의 허공과 그 사이와 위아래에 있는 허공의 크기를 헤아릴 수 있겠느냐?"
>
> "헤아릴 수 없습니다, 세존이시여."
>
> "수보리야, 보살이 어떤 모습에도 얽매임이 없이 보시하는 복덕도 이와 같아 그 크기를 헤아릴 수 없느니라."

첫 구절에서 "무슨 까닭이겠느냐?(何以故)"라고 따져 묻는 것은, 논에서 "보시한다는 등의 모습이나 생각을 떠난다면 어떻게 보시한 복덕을 이룰 수 있겠는가?"라고 하였기 때문이다. '만약 보살이(若菩薩)'부터는 이 내용을 풀이한다. 그 가운데 세 가지가 있다. 첫째, 법으로 설한 '법설法說'이니, 복덕이 없음을 의심하므로 "그 복덕은 헤아릴 수 없을 만큼 크다."라고 말하여 그 의심을 끊는 것이다. 둘째, '동쪽(東方)'부터는 비유로 설한 '유설喩說'이니 읽어보면 알 수 있다.

菩薩無住相下는

法合이다.

虛空者 無着은 云하되

猶如虛空 有三因緣이라.

一 徧一切處니 謂於住不住相中福生故니라.

二 寬廣高大殊勝故니라.

三 無盡이니 究竟不窮故라하니라.

(5) 結勸不住

須菩提 菩薩 但應如所教住
수보리 보살 단응여소교주

2절. 躡跡斷疑

論에 云하되

自此已下는 示現斷生疑心이니 於中에 文分二十七段이라하다.

셋째, "보살이 어떤 모습에도 얽매임이 없이(菩薩無住相)"부터는 법이 비유와 합쳐져 하나가 된 '법합法合'이다.

무착은 '허공'에 대해 말하기를 "허공에 비유한 것은 세 가지 인연이 있기 때문이다. 첫째, 허공은 모든 곳에 두루 있으니, 이는 '상相'에 머물거나 머물지 않거나 그 가운데 복덕이 생겨나기 때문이다. 둘째, 허공은 넓고 크고 높으니 수승하기 때문이다. 셋째, 허공은 다함없으니 끝내 그 끝을 알 수 없기 때문이다."라고 하였다.

(5) 내용을 매듭지어 집착하지 않기를 권하다.

> "수보리야, 보살은 오직 이와 같은 가르침대로 살아야 하느니라."

2절. 의심하는 내용에 따라 그 의심을 끊어준 것

논에서 "여기부터 일어난 의심을 끊어주는 것을 보여주니, 그 가운데서 문장을 스물일곱 단락으로 나눈다."라고 하였다.

1. 斷求佛行施住相疑 斷之文四

疑云하되

爲求佛果行施하면 卽是住所求佛相이니

云何無住이며

又 不住相爲因이라면 豈感色相之果리오.

因果不類故라하다.

1) 擧疑因以問

須菩提 於意云何 可以身相 見如來不
수 보 리 어 의 운 하 가 이 신 상 견 여 래 부

本秖因以相爲佛故라.

對前不住相起疑하여

佛 擧疑起之因 問答하여

欲令除斷케하다.

1. 부처님이 되려고 보시 하는 것도 상에 집착함이 아닌가

_ 이 의심을 끊어 주니, 이 글에 네 부분이 있다.

수보리가 의심하기를 "부처님이 되려고 보시 하면 부처님의 모습을 찾는 데 집착하는 것이니 어찌 이게 '집착하지 않는 것(無住)'이며, 또 '상에 집착하지 않음(不住相)'이 '인因'이라면, 어찌 모습으로 드러나는 부처님이 될 수 있겠느냐? '인因'과 '과果'는 서로 같지 않기 때문에 믿을 수 없다."라고 하였다.

1) 의심하는 원인을 들어 묻는다.

> "수보리야, 그대는 어떻게 생각하느냐? '몸의 모양'으로 여래를 볼 수 있겠느냐?"

의심하는 원인은 오로지 '나타나는 모습을 부처님'으로 삼기 때문이다. 그러므로 '상에 집착하지 않음(不住相)'에 의심을 일으킨 것에 대하여, 부처님은 의심을 일으킨 원인을 들어 문답으로 그 의심을 끊어 없애주려는 것이다.

2) 防相得以酬

不也 世尊 不可以身相 得見如來
불야 세존 불가이신상 득견여래

遮防 疑者 欲以相求하여

令得見佛케하니

故로 答云하되

不可以相으로 得見이라하다.

論에 云하되

爲防彼相成就得如來身이라하다.

2) 모양으로 여래를 볼 수 없다는 것으로 답하다.

> "볼 수 없습니다, 세존이시여. '몸의 모양'으로 여래를 볼 수 있는
> 것이 아닙니다."

의심하는 사람이 몸의 모양으로 부처님을 찾으려는 생각을 차단하
여 부처님을 볼 수 있게 하니,
그러므로 "몸의 모양으로 여래를 볼 수 있는 것이 아닙니다."라고
답한 것이다.

논에서는 "부처님의 모습을 성취하여 여래의 몸을 얻는다는 생각
을 막기 위한 것이다."라고 하였다.

3) 釋體異有爲

何以故 如來所說身相 卽非身相
하이고 여래소설신상 즉비신상

相是有爲로서 生住異滅하지만
佛體는 異此故로 非身相이다.

偈에 云하되 三相異體故者는
佛體가 異於有爲三相也이다.

住異二相은
同是現在故로 合爲一이지만
若細分하면 卽四이다.

故로 唯識에 云하되
生은 表此法先非有이고
滅은 表此法後是無이며
異는 表此法非凝然이고
住는 表此法暫有用이라하다.

162

3) 부처님의 바탕이 유위법과 다른 점을 풀이하다.

> "왜냐하면 여래께서 말씀하시는 '몸의 모양'은 '어떤 실물로 나
> 타난 몸의 모양'이 아니기 때문입니다."

'상相'은 유위법으로서 생生·주住·이異·멸滅하지만, 부처님의
바탕은 이와 다르므로 몸의 모습으로 나타나는 것이 아니다.

게송에서 "세 가지 모습이 바탕과 다르다."라고 한 것은,
부처님의 바탕이 유위법의 세 가지 모습과 다르다는 것이다.

주住, 이異 두 가지 모습은 현재 동시에 일어나고 있으므로 함께 묶
어서 하나의 모습이 되지만, 세분하면 생生·주住·이異·멸滅 네 가
지이다.

그러므로 『성유식론成唯識論』에서
"생生은 이 법이 이전에 있던 것이 아님을 드러내고,
멸滅은 이 법이 이 뒤에 없을 것임을 드러내며,
이異는 이 법이 변하고 있음을 드러내고,
주住는 이 법이 잠깐 쓰이고 있음을 드러낸다."라고 하였다.

4) 印佛身無相

佛告 須菩提
불고 수보리

凡所有相 皆是虛妄 若見諸相非相 卽見如來
범소유상 개시허망 약견제상비상 즉견여래

非但佛身無相이라.

但是一切凡聖依正¹有爲之相이 盡是虛妄이니

以從妄念所變現故라.

妄念本空인데 所變何實이오.

故로 起信에 云하되 一切境界 唯依妄念하여 而有差別이니

若離心念則 無一切境界之相이라하다.

若見諸相等者는

遮離色觀空也이다.

恐 聞相是虛妄하고 又別求無相佛身하니 故로 云하되

相卽非相 便是如來라하다.

---

1. 의보依報는 중생의 몸을 말하고, 정보正報는 중생의 몸이 의지하고 있는 환경 곧
   이 세상을 말한다. 이 가지는 자신이 지은 과거의 업에 의해서 정해지는 것이므로
   모두 '보報'라고 한 것이다.

4) '부처님의 몸에 어떠한 모습도 없음'을 확인하다.

> 부처님께서 수보리에게 말씀하셨다.
> "존재하는 '온갖 모습'은 다 허망한 것이니, '온갖 모습'에서 '허망한 모습이 아닌 참모습'을 보면 곧 여래를 보느니라."

부처님의 몸에 어떤 모습도 없을 뿐만 아니라, 모든 범부와 성인, 중생과 이 세상, 온갖 것에 집착하는 유위의 모습들이 다 허망하니, 망념을 좇아 드러난 것이기 때문이다. 망념이 본디 공인데 여기서 변한 것이 어찌 실답겠는가?

그러므로 『기신론』에서
"모든 경계가 오직 망념에 의하여 차별이 있을 뿐이니, 망념을 떠난다면 온갖 경계로 나타나는 모습도 없다."라고 하였다.

"온갖 모습에서 '허망한 모습이 아닌 참모습'을 보면 곧 여래를 보느니라."라고 한 것은 '색色'을 떠나 '공空'만 보는 오류를 차단하는 것이다. '온갖 모습이 허망'하다는 소리를 듣고 또 따로 '무상無相의 부처님 몸'만 찾을까 걱정되니, 그러므로 "모습에서 곧 '허망한 모습이 아닌 참모습'이 바로 여래이다."라고 말한 것이다.

不唯佛化身無相是如來라.

所見一切相 皆無相이 卽如來也이다.

故로 起信에 云하되

所言覺義者 謂 心體離念이니

離念相者 等虛空界이어 卽是如來平等法身이라하고

肇는 云하되

行合解通하면 則爲見佛이라하니라.

偈에 云하되 離彼是如來者라함은

離彼三相이 是法身如來이다.

無着은

則於色身에서 但離遍計하여 不執色相하면 卽眞色身이라하다.

故로 彼論에서 云하되

此爲顯示如來色身이며

又 此當第三欲得色身住處라하다.

166

부처님의 화신에서 '허망한 모습이 아닌 참모습 무상無相'이 여래일 뿐만 아니라, 온갖 모습을 보는 것에서 다 '허망한 모습이 아닌 참모습 무상無相'이 곧 여래이다.

그러므로 『기신론』에서
"깨달음이란 '마음 바탕'이 망념을 벗어난 것을 말하니, 망념의 모습을 여읜 것이 허공계와 같아 곧 여래의 평등법신이다." 하고,

승조 스님은
"삶과 앎이 하나로 통하면 곧 부처님을 보게 된다."라고 하였다.

게송에서 "저것을 떠난 것이 여래이다."라고 말한 것은,
저 '생生‧주이住異‧멸滅 세 가지 모습을 떠난 것이 법신여래'라고 하는 뜻이다.

무착은 "색신에서 온갖 시비분별을 떠나 색의 모습에 집착하지 않는다면 곧 참다운 색신이다."라고 하였다.

그러므로 『천친론』에서 "이는 여래의 색신을 드러내기 위한 것이며, 또 이것은 '세 번째 여래의 색신을 얻고자 머무는 곳(第三欲得色身住處)'에 해당한다."라고 하였다.

2. 斷因果俱深無信疑 斷之文四

論에 云하되

無住行施는 因深也이고 無相見佛은 果深也라.

未來惡世에 必不生信하리니 空說何益이리오하다.

1) 今初 約無信以呈疑

須菩提 白佛言
수보리 백불언

世尊 頗有衆生 得聞如是 言說章句 生實信不
세존 파유중생 득문여시 언설장구 생실신부

魏에 云하되

頗有衆生 於未來世 云云이라하였는데

今略此句者는 影在後五百歲也니라.

句詮差別이요 章者는 解句니라.

實信者는

大品에 云하되 於一切法에 不信이 是信般若라하다.

168

2. 인과가 너무 깊어 믿을 사람이 없다

_ 이 의심을 끊어 주니, 이 의심을 끊는 글에 네 부분이 있다.

논에서 말하기를 수보리가
"집착이 없이 하는 보시는 '인因'이 깊고, 어떠한 모습도 없이 부처님을 보는 것은 '과果'가 깊다. 다가오는 혼탁한 세상에서 중생들은 틀림없이 믿지 못하리니, 부질없이 이야기한들 무슨 이익이 있겠는가?"라고 의심한다.

1) 믿음이 없을 것이라는 의심을 나타낸다.

> 장로 수보리가 부처님께 사뢰었다.
> "세존이시여, 어떤 중생들이 이런 가르침을 듣고 참된 믿음을 낼 수 있겠습니까?"

위나라 번역에는 "어떤 중생들이 미래 세상에서 이런 가르침을 듣고……"라고 했는데, 지금 '미래 세상(於未來世)'이란 구절을 생략한 것은 '오백년 뒤(後五百歲)'에 이 뜻이 숨어 있기 때문이다.
'언설장구言說章句'에서 '구句'는 뜻이 다른 구절을 이야기하는 것이요, '장章'은 이 '구절'을 풀이하는 것이다.
또 '참된 믿음(實信)'에 대해 『대품반야경』은 "온갖 법을 믿지 않음이 반야를 믿는 것이다."라고 설명하였다.

2) 呵疑詞以顯信

佛告 須菩提
불고 수보리

莫作是說 如來滅後 後五百歲 有持戒修福者 於此章句
막 작 시 설 여 래 멸 후 후 오 백 세 유 지 계 수 복 자 어 차 장 구

能生信心 以此爲實
능 생 신 심 이 차 위 실

後五百歲者 大集에 云하되 初五百歲는 解脫牢固요

二는 禪定牢固며 三은 多聞牢固요 四는 塔寺牢固며 五는 鬪諍牢固라

하다. 本疑惡世無信하니 故로 擧惡世하여 以斷疑하다.

持戒修福者 戒定也다. 以此爲實者 正解無倒故이다.

無着이 云하되

增上戒等三學[1]하여 顯示修行少欲等功德이라하니

戒出三塗하고 定出六欲[2]하며 慧出三界하다.

---

1. 계戒 · 정定 · 혜慧는 계율과 선정과 지혜의 약칭인데 이를 합하여 삼학三學이라 한다. 계율은 몸과 입과 뜻으로 범하는 나쁜 짓을 방지하는 것이다. 선정은 마음이 어지러운 것을 한 경계로 모아 고요하게 만드는 것이다 지혜는 어리석음을 제거하고 진리를 증득하는 것이다. 이 세 가지가 서로 도와야 깨달음을 얻을 수 있다. 계율이 아니면 선정을 얻을 수 없고, 선정이 아니면 지혜를 얻을 수 없다.

2. 육욕六欲은 온갖 욕망을 여섯 가지로 분류한 것이다. 두 가지 분류가 있는데 첫 번째는 범부의 이성에 대한 6가지 욕망으로 색욕色欲 · 형모욕形貌欲 · 위의자태욕威儀姿態欲 · 언어음성욕言語音聲欲 · 세활욕細滑欲 · 인상욕人相欲이다. 두 번째는 안이비설신의 여섯 가지 감각기관에서 생기는 가지가지 욕망을 말한다.

2) 의심을 꾸짖는 말로 믿음을 드러내다.

> 부처님께서 수보리에게 말씀하셨다.
>
> "그렇게 말하지 말라. 여래께서 열반하신 후 오백 년 뒤에도 부
> 처님 말씀대로 아름답게 계를 지키며 복을 짓고 사는 사람들은
> 이와 같은 가르침에 믿는 마음을 내리니 이로써 부처님의 세상
> 으로 들어갈 것이니라."

'오백년 뒤(後五百歲)'는 『대집경』에서 "처음 오백년은 해탈하는
사람이 많은 세상이요, 두 번째 오백년은 선정에 드는 사람이 많은
세상이며, 세 번째 오백년은 불법을 열심히 듣는 사람이 많은 세상
이요, 네 번째 오백년은 절과 탑을 많이 짓는 세상이며, 다섯 번째
오백년은 시비분별로 다투는 사람이 많은 세상이다."라고 설명하
였다. 본래 혼탁한 세상에서 사람들이 믿지 않을까 의심하는 것이
니, 그러므로 나쁜 세상을 예로 들어 의심을 끊어주는 것이다.
"아름답게 계를 지키며 복을 짓고 사는 사람들(持戒修福者)"은 계율
과 선정을 말하는 것이다.
"이로써 부처님의 세상으로 들어갈 것이니라.(以此爲實)"는 '올바
른 앎'으로서는 잘못 될 것이 없기 때문이다.
무착은 "계율, 선정, 지혜의 힘을 키워 수행에서 욕심이 없는 공덕
을 드러낸다."라고 하니, 계율로 삼악도를 벗어나고, 선정에서 온
갖 욕망을 벗어나며, 지혜로써 중생계를 벗어나기 때문이다.

3) 明能信之所以 於中文二

(1) 明歷事善友 積集信因

當知
당지

是人 不於一佛二佛 三四五佛 而種善根 已於無量
시인 불어일불이불 삼사오불 이종선근 이어무량

千萬佛所 種諸善根 聞是章句 乃至一念 生淨信者
천만불소 종제선근 문시장구 내지일념 생정신자

於多佛所는

明久事善友니 則緣勝也요

種諸善根은

明久伏三毒이니 則因勝也라.

(2) 明善友所攝 成就信德 於中亦二

가. 明攝受得福 顯福德門

須菩提
수보리

如來 悉知悉見 是諸衆生 得如是無量福德
여래 실지실견 시제중생 득여시무량복덕

3) 셋째 부분은 믿을 수 있는 근거를 밝히니 글에 두 가지가 있다.

(1) 선지식을 두루 섬겨 믿음의 씨앗을 키워야 함을 밝히다.

> "그대는 마땅히 알아야 한다. 이 사람은 전생에 부처님 한 분, 두 분, 세 분, 네 분, 다섯 분에게만 선근을 심은 것이 아니라, 이미 헤아릴 수 없이 많은 부처님께 온갖 선근을 심었으므로 이와 같은 가르침을 듣고 한 생각에 맑고 깨끗한 믿음을 낼 것이니라."

"헤아릴 수 없이 많은 부처님께(於多佛所)"라고 말한 것은, 훌륭한 선지식을 오래 섬겨 왔음을 밝히니 공부한 '연緣'이 뛰어난 것이요, "온갖 선근을 심었다.(種諸善根)"라고 말한 것은, 오랜 세월 탐진치 삼독을 다스려 왔음을 밝히니 '인因'이 뛰어난 것이다.

(2) 선지식이 도와주므로 믿음의 공덕을 성취함을 밝히니 글에 두 가지가 있다.

가. 선지식의 도움으로 복 받음을 밝혀 '복덕의 문'을 드러냄

> "수보리야, 여래께서는 이 모든 것을 다 아시고 다 보시니, 이 가르침을 믿는 중생들은 헤아릴 수 없는 무량복덕을 얻게 될 것이다."

無着은 云하되

謂於一切行 住所作中에서 知其心四蘊¹ 見其依止色身이라.

故로 此等이 顯示善友所攝이라하다.

論에 云하되

若不說見이면 或謂 如來 以比智知라하고

若不說知면 或謂 如來 以肉眼見故라할까

須二語니라하다.

得福德者는

魏에 云하되 生如是福德 取如是福德이라하는데

無着은 云하되

生者 福正起時이고

取者 卽彼滅時 攝持種子인데

此云得者는

生取二義가 不離於得이므로

得之一字에 生取俱攝이라하다.

---

1. 경계를 받아들여 떠올리고 분별하여 판단하는 수상행식受想行識에 의해 형성되는 것이 마음이다. 색신이 있으므로 중생이 앉고 서고 움직일 수 있기에 '의지依止'라고 하였다. 부처님은 사온에 의해 일어나는 중생의 마음을 알고 있으며 색신에서 비롯된 중생의 온갖 행동을 보지 못함이 없다.

174

무착은 "부처님께서 중생이 온갖 삶 속에서 '경계를 받아들여 떠올리고 분별하여 판단하는 마음'을 다 알고 색신에 의지하여 살고 있음을 모두 보는 것을 말한다. 그러므로 이런 것들이 '선지식이 도와주고 있음'을 보여준다."라고 하였다.

논에서는
"여래께서 '다 본다(見)'고 말하지 않으면 여래께서 미루어 짐작하는 지혜로써 아는 것이라고 말할 수도 있고, 여래께서 '다 안다(知)'고 말하지 않으면 여래께서 육안으로써 보는 것이라고 말할까봐 '다 아시고 다 보신다(悉知悉見)'라고 말해야 했던 것이다."라고 하였다.

또 "헤아릴 수 없는 무량복덕을 얻게 될 것이다.(得如是無量福德)"는 위나라 번역에서 "생여시무량복덕生如是無量福德 취여시무량복덕取如是無量福德"이라 하는데,

무착은 이것에 대해
"생生은 복덕이 바로 일어난 때이고, 취取는 그 '생生'이 멸할 때 복덕의 종자를 거두어 지닌 것인데, 진나라 번역에서 '득得'을 쓴 것은 '생生'과 '취取' 두 뜻이 '득得'에서 벗어나지 않기에 '득得'이란 한 글자에 '생生'과 '취取'의 뜻이 다 포함되어 있는 것이다."라고 말하였다.

由無二執으로 故得攝受라.

가) 正明已斷麤執

何以故
하이고

是諸衆生 無復我相 人相 衆生相 壽者相
시제중생 무부아상 인상 중생상 수자상

無法相 亦無非法相
무법상 역무비법상

初徵은

信者를 以何義故로 得如來悉知悉見고.

後釋에 有二이다.

(가) 無我執

執取自體爲我하고 計我展轉 趣於餘趣 爲人하며

計我盛衰苦樂 種種變異相續이 爲衆生하고

計我一報命根 不斷而住 爲壽者니라.

176

나. 중생을 다스려 보살피는 이유를 밝혀 지혜의 문을 드러내니 그 글에 둘이 있다.

두 가지 집착이 없음으로 거두어 도와줄 수 있다.

가) 거친 집착을 이미 끊었음을 바로 밝히다.

> "무엇 때문이겠느냐? 이들 모든 중생은 다시는 '나라는 모습,
> 남이라는 모습, 나와 남들이 어울려 생겨나는 우리 중생이라는
> 모습, 또는 이들 모두의 생명이 영원할 것이라는 모습'에 집착하
> 지 않기 때문이며, 법이라는 모습에도 집착하지 않고 법이 아니
> 라는 모습에도 집착하지 않기 때문이다."

처음 "무엇 때문이겠느냐?(何以故)"는,
"여래께서 어떤 이치로 믿는 사람을 다 아시고 다 본다는 것이냐?"
라고 따져 묻는 것이다. 이어서 이를 두 가지로 풀어 나간다.

(가) 아집이 없다.

자신의 몸에 집착하고 있는 모습이 '아我'가 되고, 나의 계교 분별이
커져 다른 사람한테까지 영향을 미치는 모습이 '인人'이 되며, 나와
남의 성쇠고락 온갖 변화가 이어지는 모습이 '중생衆生'이 되고, 한
번 받은 나의 목숨이 끊어지지 않고 영원할 것이라고 집착하는 모
습이 '수자壽者'가 된다.

(나) 無法執

論에서 云하되

無法相者란

能取所取 一切法無이다.

亦無非法相者도

無我가 卽顯眞空實有라하다.

然이니 離二執이 正是得佛知見이어

成就正信之本이므로

善根福德도 却是相兼이니라.

故로 論에 云하되

有智慧便足인데 何故로 復說持戒功德고

爲示現實相差別義故이며

亦有持戒功德으로 依信心恭敬하여 能生實相故이니

不但說般若라하다.

(나) '법집法執'이 없다.

논에서 "'법이라는 모습에도 집착하지 않는다(無法相)'고 한 것은, 취할 주체와 취할 대상 어떤 법도 없다는 것이다. 또한 '법이 아니라는 모습에도 집착하지 않는다(無非法相)'라는 것도, '나에 대한 집착이 없음(無我)'이 곧 참된 '공空'과 '유有'를 드러낸다는 것이다."라고 하였다.

그러니 '아집과 법집을 떠나는 것'이 바로 부처님의 지견을 얻어 올바른 믿음을 성취하는 근본이므로, 선근과 복덕이 그 자리에 갖추어져 있다.

그러므로 논에서
"지혜가 있으면 충분한데 무엇 때문에 다시 계를 지닌 공덕을 설하는고? 실상과 차별 이치를 보여 주려 했기 때문이며, 또한 계를 지닌 공덕이 있으므로 믿음과 공경에 의지하여 참다운 모습을 낼 수 있기 때문이니, 오로지 반야지혜만 설할 것이 아니다."라고 하였다.

나) 因顯未除細執

何以故
하이고

是諸衆生 若心取相
시 제 중 생 약 심 취 상

卽爲着我人衆生壽者
즉 위 착 아 인 중 생 수 자

何以故
하이고

若取法相
약 취 법 상

卽着我人衆生壽者
즉 착 아 인 중 생 수 자

若取非法相
약 취 비 법 상

卽着我人衆生壽者
즉 착 아 인 중 생 수 자

180

나) 아직 미세한 집착을 끊지 못했음을 드러내다.

"왜냐하면 이 모든 중생들이 마음에 어떤 모습을 갖게 되면 곧
'나라는 모습에 집착하고, 남이라는 모습에 집착하며, 나와 남들
이 어울려 생겨나는 우리 중생이라는 모습에 집착하고, 또는 이
들 모두의 생명이 영원할 것이라는 모습에 집착하는 것'이 되기
때문이다.

무슨 까닭이겠느냐?

마음에 법이라는 모습을 갖게 되면 곧'나라는 모습에 집착하고,
남이라는 모습에 집착하며, 나와 남들이 어울려 생겨나는 우리
중생이라는 모습에 집착하고, 또는 이들 모두의 생명이 영원할
것이라는 모습에 집착하는 것'이 되기 때문이며,

법이 아니라는 모습을 갖게 되어도 곧'나라는 모습에 집착하고,
남이라는 모습에 집착하며, 나와 남들이 어울려 생겨나는 우리
중생이라는 모습에 집착하고, 또는 이들 모두의 생명이 영원할
것이라는 모습에 집착하는 것'이 되기 때문이다."

分兩節釋하니 初는 總明二相이다.

總解 取法非法 盡名相也하며

亦是建立

取相則 我等相이 便生之義宗也하다.

後 若取法下는

別明二相하다.

論에 云하되

但有無明使이고 無現行麤煩惱이니 示無我見이라하고

無着은 云하되

但取法及非法想轉일뿐

非我等想이니 以我想及依止 不轉이라하다.

中有徵者하되

取法은 但爲法相인데 何故로 便着我等고하니

釋云하되

取非法도 亦着我等인데 何況取法이오.

以後釋前也니라.

182

두 부분으로 나누어 풀이하니, 처음 부분 "왜냐하면 이 모든 중생들이 마음에 '어떤 모습(相)'을 갖게 되면……"은 법과 비법을 취하는 두 모습을 모두 밝힌다. 법과 비법을 취함을 일러 모두 '상相'이라 한다는 것을 밝히며, 또한 '상相'을 취하면 '나라는 모습에 집착하는 것' 등등이 바로 생긴다는 뜻을 내세운다.

뒷부분 "마음에 법이라는 모습을 갖게 되면(若取法相)" 밑에는 따로 두 가지 모습을 밝힌다.

논에서 "무명만 있고 거친 번뇌가 일어나지 않으니 이는 '나에 집착하는 견해(我見)'가 없음을 보여준다." 하고,

무착은 "법과 비법을 취하는 생각만 일어날 뿐 '나에 집착하는 생각(我想)' 등이 아니니, '나에 집착하는 생각(我想)'과 의지하는 마음이 일어나지 않기 때문이다."라고 하였다.

그 가운데 따져 묻기를 "법을 취함은 법상일 뿐인데, 무엇 때문에 '나'라는 모습에 집착할 것인가?"라고 하니,

이를 풀이하여 "비법을 취하는 것도 '나'에 집착하는 것인데 하물며 어찌 법을 취함에 더 말할 필요가 있겠느냐?"라고 하였다. '비법'의 내용으로 '법'의 내용까지 풀이한 것이다.

4) 示中道之玄門

是故 不應取法 不應取非法
시고 불응취법 불응취비법

以是義故 如來 常說
이시의고 여래 상설

汝等 比丘 知我說法 如筏喩者 法尙應捨 何況非法
여등 비구 지아설법 여벌유자 법상응사 하황비법

曲分爲二하니

初는 正結歸中하고 後는 引說以證하다.

筏喩로 假言顯義니 不應如言執義라.

不執은 卽爲不取이지 非全棄也니라.

偈에 云하되 彼不住隨順이 於法中證智라하고

論에 釋云하되

不住者 得證智捨敎니 如到彼岸이고

隨順者 隨順彼證智之敎法이니 如未到彼岸이라하다.

無着은 云하되

法尙應捨者는 實相生故요

何況非法者는 理不應故라하다.

184

4) 중도의 깊은 문을 보여준다.

> "이렇기 때문에 '법'이라는 모습도 갖지 말아야 하며 '법 아닌
> 것'이라는 모습도 갖지 말아야 하느니라. 이런 뜻으로 여래께서
> 는 늘 '그대 비구들은 내가 말한 법이 뗏목 같은 줄 알아야 한다.
> 법조차도 오히려 버려야 하거늘, 하물며 법 아닌 것이야 더 말할
> 필요가 있겠는가?'라고 말씀하셨다."

자세히 둘로 나누니, 처음은 중도로 돌아감을 바로 매듭지었고, 뒤
는 여래의 설법을 인용하여 증명하였다. 뗏목의 비유로 언어를 빌
려 뜻을 드러내고 있으니, 말처럼 뜻에 집착해서는 안 된다. '집착하
지 않음'은 곧 '취하지 않는다는 것'이지 완전히 포기한다는 뜻이
아니다.

게송에서 "그가 부처님 뜻에 순순히 따라 머무르지 않는 것이 법
가운데 지혜를 증득한 것이다." 하고,

논에서 "머무르지 않는다(不住)는 것은, 지혜를 증득하여 부처님
의 가르침을 버릴 수 있다는 것이니 '피안에 도달함'과 같고, 부처
님 뜻에 순순히 따르는 것은 그가 증득한 지혜의 교법을 따라가는
것이니 '아직 피안에 도달하지 못한 것'과 같다."라고 하였다.

무착은 "법조차도 오히려 버려야 한다(法尚應捨)는 것은 실상이
나왔기 때문이요, '하물며 법 아닌 것이야 더 말할 필요가 있겠는
가?(何況非法)'는 이치로 그런 게 아니기 때문이다."라고 하였다.

3. 斷無相云何得說疑 斷之文二

論에서 云하되

向說不可以相見佛하여

佛非有爲인데

釋迦得阿耨菩提하고 云何說法고하다.

1) 問答斷疑 文四

(1) 擧疑因以問

須菩提 於意云何
수보리 어의운하

如來 得阿耨多羅三藐三菩提耶 如來 有所說法耶
여래 득아뇩다라삼먁삼보리야 여래 유소설법야

佛問得不는

意顯不得이니라.

故로 無着은 云하되

顯示 翻於正覺取故라하니라.

3. 무상을 어떻게 설할 수 있단 말인가

_ 이 의심을 끊어 주니 이 의심을 끊는 글에 두 부분이 있다.

논에서 말하기를 "모습으로써 부처님을 볼 수 없다고 설한 곳을 향하여, 이렇다면 부처님은 '무엇을 분별로써 할 수 있는 위치(有爲)'가 아닌데 어떻게 석가모니 부처님이 깨달음을 얻고 어떻게 법을 말하는가?"라고 수보리가 의심한다.

1) 문답으로 의심을 끊으니 글에 네 가지가 있다.

(1) 의심의 원인을 들어 질문한다.

> 부처님께서 수보리에게 말씀하셨다.
>
> "수보리야, 그대는 어떻게 생각하느냐? 여래께서 '더할 나위 없이 높고도 올바른 깨달음'을 얻었느냐? 여래께서 말씀하신 법이 있겠느냐?"

부처님이 "여래께서 깨달음을 얻은 것이 있겠느냐?"라고 묻는 뜻은, 그 의도가 '얻을 것이 없음'을 드러내는 것이다. 그러므로 무착은 "올바른 깨달음에서 취한다는 생각을 뒤집어 그렇지 않음을 드러낸다."라고 말하였다.

(2) 順實理以酬

須菩提言 如我解佛所說義
수보리언 여아해불소설의

無有定法 名阿耨多羅三藐三菩提
무유정법 명아뇩다라삼먁삼보리

亦無有定法 如來可說
역무유정법 여래가설

偈에서 云하되

應化는 非眞佛이며 亦非說法者라하다.

(3) 釋無定法之言

何以故
하이고

如來所說法 皆 不可取不可說 非法非非法
여래소설법 개 불가취불가설 비법비비법

無着은 云하되 不可取者는 謂正聞時요 不可說者는 謂正說時라.

非法者는 分別性故요 非非法者는 法無我故라하다.

188

(2) 실다운 이치에 따라 대답한다.

> 장로 수보리가 말하였다.
> "부처님께서 말씀하신 뜻을 제가 알기로는 '더할 나위 없이 높고 도 올바른 깨달음'이라 할 만한 결정된 법이 없으며, 또한 여래께 서 말씀할 만한 정해진 법도 없습니다."

게송에서 말하였다.
"응신 화신은 진짜 부처님이 아니며
또한 법을 설하는 것도 아니라네."

(3) '결정된 법이 없다'는 말을 풀이한다.

> "무슨 까닭이겠습니까? 여래께서 말씀하신 법은 모두 취할 수 있는 것도 아니고 말할 수 있는 것도 아니며, 법도 아니고 법 아닌 것도 아니기 때문입니다."

무착은 "'취할 수 있는 것도 아니고(不可取)'는 '바로 듣는 때'를 말 함이요, '말할 수 있는 것도 아니며(不可說)'는 '바로 말할 때'를 말 한다. '법도 아니고(非法)'는 중생이 분별하는 성품이 있기 때문이 요, '법 아닌 것도 아니다(非非法)'는 법이 무아이기 때문이다."라 고 하였다.

論에 云하되

彼法非法은 依眞如義說이다.

非法者는 一切法이 無體相故요

非非法者는 彼眞如無我이어 實相有故니라.

何故로 唯言說하고 不言證고 有言說者는 卽成證義故니

若不證者라면 卽不能說이라하다.

(4) 釋無取說之所以

所以者何 一切賢聖 皆以無爲法 而有差別
소 이 자 하 일 체 현 성 개 이 무 위 법 이 유 차 별

魏譯에 云하되

一切聖人이 皆以無爲法으로 得名이라하고

論에서 云하되

聖人은 但依眞如淸淨得名일뿐 非別得法故로 無取說이라하다.

而有差別者는 論에서 云하되

眞如具足淸淨하며 分淸淨故라하고

190

논에서 "저 법과 비법은 진여의 이치로 설명한다. '비법'이란 온갖 법이 어떤 실체의 모습이 없기 때문이요, '비법이 아니라는 것'은 저 진여에 나라고 집착할 것이 없어 실상이 있기 때문이다. 무엇 때문에 '여래께서 법을 말한 것'만 말하고 '깨달음을 증득한 것'을 말하지 않는가? '여래께서 법을 말함'이 있다는 것은 곧 깨달음을 이루었다는 뜻이기 때문이니, 깨닫지 못했다면 법을 설할 수 없는 것이다."라고 하였다.

(4) '취하고 말할 수 없는 까닭'을 풀이한다.

> "왜냐하면 현자와 성인은 모두 무위법으로써 여러 가지 모습을 드러내고 있기 때문입니다."

위나라 번역에서는
"모든 성인이 다 '무위법'으로써 그 이름을 얻었다." 하고,

논에서는 "성인은 다만 '진여청정'에 의하여 이름을 얻었을 뿐 달리 얻은 법이 아니기에 취하고 설할 것이 없다."라고 하였다.

'여러 가지 모습을 드러내고 있다(而有差別)'는 것은 논에서 "진여 는 청정을 다 갖추고 있으면서 그 청정을 나누기 때문이다." 하고,

無着은 云하되

無爲者 無分別義라. 是故로 菩薩은 有學이므로 得名하고 如來는 無學

이므로 得名이다. 初無爲者는 折伏散亂時에 顯了故요

後無爲者는 唯第一義者의 無上覺故라.

三乘賢聖이 皆修證無爲하니 故로 通說爲差라하다.

2) 校量顯益 於中 有四

(1) 擧劣福以問

> 須菩提 於意云何
> 수보리 어의운하
>
> 若人 滿三千大千世界七寶 以用布施
> 약인 만삼천대천세계칠보 이용보시
>
> 是人 所得福德 寧爲多不
> 시인 소득복덕 영위다부

俱舍偈에서 云하되

四大洲[1]日月 蘇迷盧欲天 梵世各一千을

名一小千界라하고 此小千千倍를 說名一中千이라하며

此千倍大千이라하니 皆同一成壞라하다.

七寶者는 金 銀 琉璃 珊瑚 碼碯 赤眞珠 玻瓈이다.

---

1. 사대주는 수미산 사방에 있는 사천하로 곧 남섬부주·동승신주·서우화주·북구
로주를 통틀어 말한다.

무착은

"무위는 '분별이 없다는 뜻'이다. 이 때문에 보살은 배울 것이 있으므로 '보살'이라 하고 여래는 배울 것이 없으므로 '여래'라 한다. 처음 무위는 중생의 산란한 마음을 없앨 때에 드러나기 때문이요, 나중 무위는 오직 최고의 뜻을 얻은 사람의 더할 나위 없는 깨달음이기 때문이다. 삼승의 현자와 성인이 다 무위를 닦아 증득하였으니 그러므로 통틀어 '여러 가지 모습'을 드러내고 있다." 말하였다.

2) 이익이 드러난 것을 따져보니 글에 네 가지가 있다.

(1) '많지 않은 복'으로 물어본다.

> 부처님께서 수보리에게 말씀하셨다.
> "수보리야, 그대는 어떻게 생각하느냐? 만약 어떤 사람이 삼천대천세계를 일곱 가지 보배로 가득 채워 보시한다면 이 사람이 얻는 복덕이 얼마나 많겠느냐?"

『구사론』 게송에서 말하였다.

"사대주와 해와 달, 수미산의 육욕천, 범천 세계 각각 일천 개를 합쳐 하나의 '소천세계'라 하고, 이 '소천세계'의 천 배를 '중천세계'라 하며, 이 중천세계의 천 배를 '대천세계'라 하니, 이 모두가 생겨나고 사라지는 것은 똑같다."라고 하였다.

칠보는 금·은·유리·산호·마노·빨간 진주·파리이다.

(2) 釋福多以酬

須菩提言
수보리언

甚多 世尊
심다 세존

何以故 是福德 卽非福德性 是故 如來說 福德多
하이고 시복덕 즉비복덕성 시고 여래설 복덕다

無着은 云하되

是福者란 標牒이요

卽非者는 約勝義空이며

是故者는 約世俗有라하다.

194

(2) '복이 많음'을 풀이하여 답한다.

> 장로 수보리가 말하였다.
> "참으로 많습니다, 세존이시여. 왜냐하면 이 복덕은 곧 복덕의 성품이 아니니, 이 때문에 여래께서 복덕이 많다고 말씀하신 것입니다."

무착은 말하였다.

"'이 복덕(是福德)'이란 '보배로 보시한 복덕'을 드러내는 것이요,

'곧 복덕의 성품이 아니니(卽非)'라 한 것은 '뛰어난 이치로서의 공(勝義空)'을 기준 삼아 하는 말이며,

'이 때문에 복덕이 많다(是故)'는 것은 '세속의 드러난 모습(世俗有)'을 기준 삼아 말하는 것이다."라고 하였다.

(3) 判經福德超過

若復有人 於此經中 受持乃至 四句偈等 爲他人說
약부유인 어차경중 수지내지 사구게등 위타인설

其福勝彼
기복승피

偈에 云하되

受持法及說 不空於福德

福不趣菩提 二能趣菩提라하다.

四句偈者란

但於四句에서 詮義究竟하면 卽成四句偈니

如經에 凡所有相 皆是虛妄 若見諸相非相 則見如來라하듯

此最妙也이다.

然이나

但義具四句하면

持說이 則趣菩提라.

文或增減이나 不必唯四이다.

義若闕者면 則互成謗이니라.

196

(3) 경의 복덕이 보배 복덕보다 더 좋음을 판단한다.

> "만약 어떤 사람이 이 경이나 이 가르침 속에 있는 네 구절의 게송
> 만이라도 받아 지녀 다른 사람을 위하여 그 뜻을 일러 준다면
> 그 복덕은 삼천대천세계를 일곱 가지 보배로 가득 채워 보시한
> 복덕보다도 더 뛰어날 것이다."

게송에서 "법을 받아 지니고서 설하는 복덕, 그 복덕은 칠보처럼
헛되지 않네. 칠보 복덕 깨달음을 성취 못하나, 법을 지녀 설한 공덕
깨달음 얻지."라고 말하였다.

'사구게'란 다만 네 구절에서 궁극의 이치를 드러내면 완성되는 것
이니, 경에서 "존재하는 '온갖 모습'은 다 허망한 것이니, '온갖 모
습'에서 '허망한 모습이 아닌 참모습'을 보면 곧 여래를 보느니라."
라고 말한 것처럼 이는 참으로 오묘하다.

그러나 뜻에 사구四句의 도리만 갖추면, 그 뜻을 받아 지니고 설함
이 곧 깨달음에 나아가는 것이다. 문구가 혹 길거나 짧을 수도 있으
니 반드시 사구의 형태를 갖추어야 할 필요는 없다. 그 뜻에 부족한
것이 있다면 곧 받아 지니고 설함이 모두 다 부처님의 법을 비방하
는 것이 된다.

⑷ 釋超過所以 於中 二

가. 正釋

何以故 須菩提
하이고 수보리

一切諸佛 及諸佛阿耨多羅三藐三菩提法 皆從此經出
일체제불 급제불아뇩다라삼먁삼보리법 개종차경출

諸佛菩提法者는 論에서 云하되

名爲法身이라하니

於彼法身에서 此二가 能作了因이라하다.

一切諸佛者는 卽報化身이니 論에서 云하되

於此에 能爲生因이라하다.

나. 轉釋

須菩提 所謂 佛法者 卽非佛法
수보리 소위 불법자 즉비불법

第一義中에는

無有佛法이 從經出也니라.

(4) 복덕이 뛰어난 까닭을 풀이하니 글에 두 가지가 있다.

가. 바로 풀이하는 것이다.

> "무슨 까닭이겠느냐, 수보리야. 시방세계 부처님과 그분들의
> 깨달음이 모두 이 가르침에서 나왔기 때문이다."

'모든 부처님이 깨달은 법'이란 논에서
"이를 일러 법신이라 하니, 저 법신에서 '가르침을 받아 지니고 설
하는 것' 이 두 가지로 인해 법신을 알게 된다."라고 하였다.

모든 부처님은 곧 보신과 화신이니, 논에서 "이 보신과 화신으로
인해 법신을 알게 된다."라고 하였다.

나. 계속 덧붙여 풀이하는 것이다.

> 수보리야, 이른바 부처님의 법이라 집착한다면 그것은 부처님
> 의 법이 아니니라.

'최고로 진실한 뜻'에서는 어떤 부처님 법도 경에서 나온 것이
없다.

4. 斷聲聞得果是取疑 斷之文四

論에 云하되

向說聖人 以無爲法 得名故하여 法不可取說인데
云何 聲聞 各取自果하여 如證而說라고하다.

1) 入流果

須菩提 於意云何
수보리 어의운하

須陀洹 能作是念 我得須陀洹果不
수다원 능작시념 아득수다원과부

須菩提言
수보리언

不也 世尊
불야 세존

何以故 須陀洹 名爲入流 而無所入
하이고 수다원 명위입류 이무소입

不入色聲香味觸法 是名須陀洹
불입색성향미촉법 시명수다원

200

4. 성문이 수행의 결과를 얻음도 취함이 아닌가

_ 이 의심을 끊어주니, 이 의심을 끊는 글에 네 부분이 있다.

논에서 말하기를 수보리가

"성인이 무위법으로써 그 지위를 얻는다고 말한 것에 대하여, 법은 취하거나 설할 수 있는 것이 아닌데 어떻게 성문이 저마다 자신의 수행 결과를 취하여 증득한대로 설하는가?"라고 의심한다.

1) 성자의 흐름에 들어가는 '입류과入流果'

"수보리야, 그대는 어떻게 생각하느냐? 욕망으로 살아가는 세계에서 '나에 대한 집착' '계율과 의식에 대한 집착' '법에 대한 의심'이 끊어져 성자의 흐름에 든 사람 수다원이 '나는 수다원의 지위를 얻었다'는 생각을 낼 수 있겠느냐?"

장로 수보리가 말하였다.

"아닙니다, 세존이시여. 왜냐하면 수다원은 성자의 흐름에 들어갔다고 하지만 들어간 곳이 없기 때문입니다. 형색이나 소리·냄새·맛·촉감·마음의 대상 그 어디에도 들어가지 않았기 때문에 수다원이라 말하는 것입니다."

須陀洹은

此云하되 入流라하니 入聖流故이며

亦云하되 預流라하니 預聖流故니라.

秖由不入六塵으로 名入聖流라하지

不是別有所入故니라.

論에 云하되

聖人은 得果하여도 不取一法하고

不取六塵境界故로 名逆流라하다.

乃至羅漢도 不取一法하니

以是義故로 名阿羅漢이라하다.

然이나 非不取無爲自果라.

但於證時에 離取我等煩惱일뿐이니

是故로 無如是心我能得果라.

若起如是心我能得果면

卽爲着我人等이다.

故知하라. 得果는 是不取義인데

何得疑云是取오.

수다원은 달리 말하면 '입류入流'라 하니 성자의 흐름에 들어갔기 때문이며, 또한 '예류預流'라고도 하니 성자의 흐름에 참여했기 때문이다. 단지 육진의 경계에 오염되지 않았으므로 이를 일러 '성자의 흐름에 들어갔다'고 하는 것이지, 따로 들어간 곳이 있는 것은 아니다.

논에서
"성인은 수행의 결과를 얻어도 한 법도 취하지 않고 육진 경계에 집착하지 않기 때문에 이를 일러 중생의 삶과는 반대로 살아간다는 뜻에서 '역류逆流'라 한다. 나아가 아라한에 이르기까지 한 법도 취하지 않으니 이런 의미에서 '아라한'이라고 부른다."라고 하였다.

그러나 '무위법에서 자신의 수행 결과'를 취하지 않는 것은 아니다. 다만 수행의 결과를 증득할 때에 나라는 모습에 집착하는 번뇌를 떠날 뿐이니, 이 때문에 내가 수행의 결과를 얻었다는 마음이 없다. 만약 내가 수행의 결과를 얻었다는 마음이 일어나면 곧 나라는 모습, 남이라는 모습에 집착하는 것이 된다. 그러므로 알아야 한다. 수행의 결과를 얻었다고 하는 것은 곧 취하지 않는다는 뜻인데, 어찌 이를 의심하여 수행의 결과를 취하는 것이라고 말할 수 있겠는가?

2) 一來果

須菩提 於意云何
수보리 어의운하

斯陀含 能作是念 我得斯陀含果不
사다함 능작시념 아득사다함과부

須菩提言
수보리언

不也 世尊
불야 세존

何以故 斯陀含 名一往來 而實無往來 是名斯陀含
하이고 사다함 명일왕래 이실무왕래 시명사다함

斯陀含은 此云 一來라하다.

斷欲界六品修惑[1]하고 從此命終에

一往天上 一來人間하여

便得斯陀含果故로 名一來라하니

而實無來者는 已悟無我이기에 誰能往來리오.

---

1. '욕계사혹欲界思惑'은 욕계에서 사물의 진실한 모습을 알지못해 일어나는 번뇌로
서 '욕계수혹欲界修惑'이라고도 한다. 곧 탐貪·진瞋·치癡·만慢 이 네 가지 미혹에
각각 上上·上中·上下·中上·中中·中下·下上·下中·下下의 구품이 있는데 이것이
'욕계구품'이다. '혹惑'은 마음의 미혹迷惑으로 번뇌의 다른 이름이며, 견혹見惑은
견도見道에 의해 소멸되는 미혹이란 뜻이고, '사혹思惑'은 '수혹修惑'이라고도 하
며 수도修道에 의해 없어지는 미혹이다. '육품수도혹六品修道惑'은 탐貪·진瞋·치
癡·만慢·신견身見·변견邊見 여섯 가지 미혹을 말한다.

> "수보리야, 그대는 어떻게 생각하느냐? 욕망으로 살아가는 세
> 계에서 '감각적 욕망'과 '성내는 마음'이 아직 조금 남아 있어 이
> 를 없애기 위하여 욕망의 세계로 다시 한 번 더 돌아와야 할 사람
> 사다함이 '나는 사다함의 지위를 얻었다'는 생각을 낼 수 있겠느
> 냐?"
> 장로 수보리가 말하였다.
> "아닙니다, 세존이시여. 왜냐하면 사다함은 욕망의 세계로 다
> 시 한 번 돌아와야 할 사람이라고는 하지만, 실로 돌아와야 할
> 곳이 없기 때문에 사다함이라 부르는 것입니다."

사다함은 '다시 한 번 돌아와야 한다(一來)'는 뜻이다. 욕계의 '육품
수도혹六品修道惑'을 끊고 이로부터 목숨이 다한 뒤에 한 번 천상에
갔다가 다시 한 번 인간세계로 와 '사다함과'를 얻으므로 이를 일러
'일래一來'라고 한다.

"실로 돌아와야 할 곳이 없다.(而實無往來)"라고 하니,
이미 무아를 깨달았기에 누가 있어 가고 오고 하겠는가?

3) 不來果

須菩提 於意云何
수보리 어의운하

阿那含 能作是念 我得阿那含果不
아나함 능작시념 아득아나함과부

須菩提言
수보리언

不也 世尊
불야 세존

何以故 阿那含 名爲不來 而實無不來 是故 名阿那含
하이고 아나함 명위불래 이실무불래 시고 명아나함

阿那含은 此云 不來 亦云 不還이라하다.

斷欲界九品修惑盡하고 命終에

一往天上하여 更不還來下界故로 云하되 不來라하다.

而實無不來는

義同前釋이다.

206

3) 욕망의 세계로 되돌아오지 않을 '불래과不來果'

> "수보리야, 그대는 어떻게 생각하느냐? 욕망으로 살아가는 세계에서 '나에 대한 집착', '계율과 의식에 대한 집착', '법에 대한 의심', '감각적 욕망'과 '성내는 마음'이 모두 끊어져 다시는 욕망의 세계로 되돌아오지 않을 사람 아나함이 '나는 아나함의 지위를 얻었다'는 생각을 낼 수 있겠느냐?"
> 장로 수보리가 말하였다.
> "아닙니다, 세존이시여. 왜냐하면 아나함은 욕망의 세계로 다시 오지 않을 사람이라고는 하지만, 실로 다시 오지 않을 곳이 없기 때문에 아나함이라 부르는 것입니다."

아나함은 '오지 않는다' 또는 '돌아오지 않는다'는 뜻이다. '욕계의 구품수혹九品修惑'을 다 끊고 목숨을 마친 뒤 한 번 천상에 난 뒤 열반에 들어 다시 인간세상으로 돌아오지 않으므로 '불래不來'라고 한다.

'실로 다시 오지 않을 곳이 없다(而實無不來)'는 것은 그 뜻이 앞서 풀이한 것과 같다.

4) 不生果 於中有三

阿羅漢은 此譯에 有三이라.

一 無賊이니 三界見修煩惱盡故이다.

二 不生이니 不受後有故이다.

三 應受이니 應受人天廣大供養故이다.

(1) 擧所得以問

須菩提 於意云何
수보리 어의운하

阿羅漢 能作是念 我得阿羅漢道不
아라한 능작시념 아득아라한도부

(2) 明無取以答

須菩提言 不也 世尊 何以故 實無有法 名阿羅漢
수보리언 불야 세존 하이고 실무유법 명아라한

世尊 若阿羅漢 作是念 我得阿羅漢道
세존 약아라한 작시념 아득아라한도

卽爲着我人衆生壽者
즉위착아인중생수자

208

4) 중생으로 다시 태어나지 않는 '불생과不生果'이니 이 글에 세 가지가 있다.

아라한에는 세 가지 뜻이 있다. 첫 번째는 무적無賊이니, 삼계의 견혹, 수혹 번뇌가 다 없어졌기 때문이다. 두 번째는 불생不生이니, 뒷날 중생의 몸을 다시 받지 않기 때문이다. 세 번째는 응수應受이니 인천의 온갖 공양을 받기 때문이다.

(1) '얻은 바'를 들어 묻는 것이다.

> "수보리야, 그대는 어떻게 생각하느냐? 마음속에 다툼이 없어
> 고요한 삶을 즐기는 아라한이 '나는 아라한의 도를 얻었다'는
> 생각을 낼 수 있겠느냐?"

(2) '취함이 없음'을 밝혀서 대답하는 것이다.

> 장로 수보리가 말하였다.
> "아닙니다, 세존이시여. 왜냐하면 실로 아라한이라고 할 만한
> 법이 없기 때문입니다. 세존이시여, 만약 아라한이 '나는 아라한
> 의 도를 얻었다'는 생각을 내면 이는 곧 '나라는 모습에 집착하고,
> 남이라는 모습에 집착하며, 나와 남들이 어울려 생겨나는 우리
> 중생이라는 모습에 집착하고, 또는 이들 모두의 생명이 영원할
> 것이라는 모습에 집착하는 것'이기 때문입니다."

(3) 引已證令信 於中文三

가. 明佛先印

世尊 佛說 我得無諍三昧 人中最爲第一
세존 불설 아득무쟁삼매 인중최위제일

是第一離欲阿羅漢
시 제일 이욕아라한

無諍者 不惱衆生이니

能令衆生 不起煩惱故케하다.

佛讚之하되

十弟子中 善現이 第一離欲者라하시다.

三界煩惱는 但有貪心일뿐

盡名爲欲이라해도 非唯欲界이다.

(3) 셋째는 이미 증득한 내용을 인용하여 믿게 하니, 그 가운데 세 부분이 있다.

가. 부처님께서 먼저 인가한 내용을 밝히다.

> "세존이시여, 부처님께서 저를 '다툼이 없는 무쟁삼매를 얻은 사람 가운데 최고'라고 하시니, 이는 '온갖 욕망을 떠난 으뜸가는 아라한'이라 말씀하신 것입니다."

'무쟁無諍'이란 다툼이 없어 중생을 괴롭히지 않으니,
이 삼매는 중생으로 하여금 번뇌를 일으키지 않게 하기 때문이다.

부처님께서는 "십대제자 가운데에 수보리가 제일 먼저 욕심을 떠난 사람이다."라고 찬탄하셨다.

삼계의 번뇌는 다만 탐하는 마음일 뿐, 이를 일러 모두 '욕망'이라 해도 오직 욕계만 말하는 것은 아니다.

나. 彰己不取

世尊 我 不作是念 我是離欲阿羅漢
세존 아 부작시념 아시이욕아라한

다. 却釋佛意

世尊 我 若作是念 我得阿羅漢道
세존 아 약작시념 아득아라한도

世尊 卽不說 須菩提 是樂阿蘭那行者
세존 즉불설 수보리 시요아란나행자

以須菩提 實無所行 而名須菩提 是樂阿蘭那行
이수보리 실무소행 이명수보리 시요아란나행

無所行者는

論에 云하되

離二種障이다.

一 煩惱障이니 得阿羅漢故로 離이다.

二 三昧障이니 得無諍故故로 離이다. 故로 無所行이라하다.

阿蘭那者는 此云 寂靜이라하다.

212

나. 자신이 취하지 않았음을 드러내다.

> "세존이시여, 그러나 저는 제가 '온갖 욕망을 떠난 아라한'이라
> 는 생각을 하지 않습니다."

다. 부처님의 뜻을 풀어낸다.

> "세존이시여, 제가 만약 '나는 아라한의 도를 얻었다' 하면, 세
> 존께서 '수보리는 마음속에 다툼이 없어 고요한 삶을 즐기는 사
> 람'이라고 말씀하시지 않았을 것입니다. 제가 실로 그런 생각
> 이 없기 때문에 '수보리는 마음속에 다툼이 없어 고요한 삶을
> 즐기는 사람'이라고 말씀하시는 것입니다."

"아라한의 도를 얻었다고 생각한 바가 없다.(無所行)" 이 부분은
논에서 풀이하기를 "두 가지 장애를 벗어난 것이다. 하나는 번뇌
장이니, 아라한의 도를 얻음으로써 벗어난다. 또 하나는 삼매장이
니, 다툼 없는 경계를 얻음으로써 벗어난다. 그러므로 '아라한의
도를 얻었다고 생각한 바가 없다(無所行)'는 것이다."라고 하였다.

아란나는 고요한 삶 '적정寂靜'이라 말한다.

5. 斷釋迦然燈取說疑

論에 云하되
釋迦는 昔於然燈佛所에서 受法하고
彼佛은 爲此佛說法인데
云何言 不可取不可說고하다.
故로 經에 斷之하다.

佛告 須菩提
불고 수보리

於意云何 如來 昔在燃燈佛所 於法 有所得不
어의운하 여래 석재연등불소 어법 유소득부

不也 世尊 如來 在燃燈佛所 於法實無所得
불야 세존 여래 재연등불소 어법실무소득

於法實無所得者는

然燈佛說은 說是語言이요
釋迦所聞은 唯聞語言이니
語言은 非實智證法故니라.

5. 연등불이 설한 법을 석가모니 부처님이 취한 것이 아닌가

_ 이 의심을 끊어준다.

논에서 말하기를

"석가모니 부처님이 옛날 연등 부처님 처소에서 법을 받고 연등 부처님은 법을 설했는데, 어떻게 '취할 수 있는 것도 아니요 설할 수 있는 것도 아니다' 말하는가?"라고 의심한다.

그러므로 경에서 이 의심을 끊어준다.

> 부처님께서 수보리에게 말씀하셨다.
>
> "그대는 어떻게 생각하느냐? 여래가 옛날 불꽃처럼 빛나는 연등 부처님이 계신 곳에서 얻은 법이 있겠느냐?"
>
> "아닙니다, 세존이시여. 여래께서는 불꽃처럼 빛나는 연등 부처님이 계신 곳에서 실로 얻은 법이 없습니다."

"실로 얻은 법이 없습니다.(於法實無所得)"라고 한 것은,

연등 부처님께서 설한 것은 '말로 설한 것'이요,
석가모니 부처님께서 들은 것은 오직 '말로 듣는 것'이니,
말은 '진실한 지혜로 증득한 법'이 아니기 때문이다.

論에 云하되

釋迦 於然燈佛所에 言語所說은

不取證法이니

以是義故로

顯 彼證智 不可說不可取라하다.

논에서

"석가모니 부처님이 연등 부처님이 계신 곳에서 들었던 '말로 설한 법'은 증득한 법을 취한 것이 아니니, 이런 뜻으로써 저 증득한 지혜는 '취할 수 있는 것도 아니요 설할 수 있는 것도 아님'을 드러낸다."
라고 하였다.

6. 斷嚴土違於不取疑 斷之文三

論에 云하되

若法不可取라면

云何諸菩薩이 取莊嚴淨土하며

云何自受法王身고하다.

1) 擧取相莊嚴問

須菩提 於意云何 菩薩 莊嚴佛土不
수보리 어의운하 보살 장엄불토부

佛意가 欲明法性眞土故로

問 取形相莊嚴土不아하다.

218

6. 불국토를 장엄함이 취하지 않는다는 뜻에 어긋난 것이 아닌가

_ 이 의심을 끊어주니, 이 의심을 끊는 글에 세 부분이 있다.

논에서 말하기를 수보리가

"만약 법이 취할 수 있는 것이 아니라면 어떻게 모든 보살이 부처님의 맑은 국토를 장엄하며, 어떻게 스스로 법왕의 몸을 받겠는가?"
라고 의심한다.

1) '모습을 취하는 장엄'을 들어 묻는다.

> "수보리야, 그대는 어떻게 생각하느냐? 보살이 부처님의 국토를 장엄하겠느냐?"

부처님의 뜻이 법성의 참국토를 밝히고자 하므로,
형상을 취하여 불국토를 장엄하느냐고 묻는 것이다.

2) 釋離相莊嚴答

不也 世尊
불야 세존

何以故 莊嚴佛土者 卽非莊嚴 是名莊嚴
하이고 장엄불토자 즉비장엄 시명장엄

偈에 云하되

智習唯識通 如是取淨土라.

非形이 第一體요 非嚴이 莊嚴意라하다.

論에 釋云하되

諸佛은 無有莊嚴國土事이다.

唯眞實智慧 習識通達故로

不可取이다.

莊嚴은 有二이니

一 形相이요 二 第一義相이다.

非嚴者는 無形相故요

莊嚴意者는 卽是第一莊嚴이니

以一切功德으로 成就莊嚴故라하다.

2) 모습을 떠난 장엄을 풀이하여 대답한다.

"아닙니다, 세존이시여. 왜냐하면 부처님의 국토를 장엄한다는
것은 곧 어떤 실물로 장엄하는 것이 아니기 때문에 이를 일러
장엄한다고 하는 것입니다."

게송에서
"지혜가 무르익어 오직 마음에서 통하는 것, 이와 같이 부처님의
맑은 국토를 취하는 것이다. '형상이 아닌 것'이 '부처님 최고의 바
탕(第一體)'이요, '장엄이 아닌 것(非嚴)'이 '진짜 장엄의 뜻(莊嚴意)'
이니라."라고 하였다.

논에서는 이 부분을 해석하기를
"모든 부처님은 불국토를 장엄하는 일이 없다.
오직 진실한 지혜가 무르익은 마음에서 이치를 통달하는 것이므로
사실 취할 수 있는 것은 아니다. 장엄은 두 가지가 있으니, 하나는
'형상'이요, 또 하나는 '최고의 뜻으로 드러나는 모습(第一義相)'이
다. '장엄이 아니라는 것(非嚴)'은 형상이 없기 때문이요, '장엄의 뜻
(莊嚴意)'은 '최고의 이치로 드러난 장엄(第一莊嚴)'이니, 온갖 공덕
으로 장엄을 성취하기 때문이다."라고 하였다.

3) 依淨心莊嚴勸

是故 須菩提 諸菩薩摩訶薩 應如是生淸淨心 不應住色生心
시고 수보리 제보살마하살 응여시생청정심 불응주색생심

不應住聲香味觸法生心 應無所住而生其心
불응주성향미촉법생심 응무소주이생기심

論에 云하되

若人이 分別 佛土是有爲形相이라하고

而言是我成就者이면 彼住於色等境中이니

爲遮此故로

云하되 應如是生淸淨心 不應住色等也라하다.

而生其心者 則是正智이다.

此是眞心이니

若都無心이라면 便同空見[1]이니라.

---

1. 복을 지어 인간이나 하늘에 태어나도 그 복이 다하면 다시 중생계에 윤회해야 하는 것이 중생의 운명이니, 실체가 없는 중생의 허망한 삶에 집착하지 말라고 부처님께서 '공空'을 말씀하신 것이다. 중생 삶에 대한 집착을 떠나 온갖 번뇌를 끊는 '공空' 체험으로써 부처님 세상을 찾으라는 것이다. 그런데 이 뜻을 잘못 알고 오로지 공空에만 집착하는 어리석음을 범하는 것을 '공견空見'이라고 한다. 오로지 공空만 주장하여 모든 것을 부정하다 보면 허무주의나 무기력한 삶에 빠지기가 쉽다.

3) 맑고 깨끗한 마음에 의지한 장엄을 권한다.

> "그러므로 수보리야, 모든 보살마하살은 이처럼 맑고 깨끗한 마음을 쓰며, 형색에도 얽매이지 말고, 소리·냄새·맛·촉감·마음의 대상에도 얽매이지 말아야 하니 그 어디에도 집착하지 말아야 하느니라."

논에서

"만약 어떤 사람이 불국토가 모습이 있는 것이라 분별하고, '내가 성취한 것'이라고 말한다면 그는 경계에 집착한 것이니, 이 집착을 막기 위하여 '맑고 깨끗한 마음에서 경계에 집착해서는 안 된다'고 말한다."라고 하였다.

그 마음을 내는 것이 곧 바른 지혜이다. 이것이 참마음이니, 만약 아무런 마음이 없는 것이라면 곧 어떤 견처도 없는 것이나 마찬가지다.

7. 斷受得報身有取疑 斷之文二

疑意는 如前이다.

1) 問答斷疑

> 須菩提 譬如有人 身如須彌山王 於意云何 是身爲大不
> 수보리 비여유인 신여수미산왕 어의운하 시신위대부
>
> 須菩提言
> 수보리언
>
> 甚大 世尊 何以故 佛說非身 是名大身
> 심대 세존 하이고 불설비신 시명대신

論에 云하되

如須彌山 勢力高遠故로 名爲大라하지만

而不取我是山王이니 以無分別故이다.

報佛도 如是이어

以得無上法王體故로 名爲大라하지만

而不取我是法王이니 以無分別故라하다.

故로 偈에 云하되

如山王無取이듯 受報 亦復然이라하다.

224

7. 보신을 받음도 취함이 있는 게 아닌가

_ 이 의심을 끊어주니, 이 의심을 끊는 글에 두 부분이 있다.

의심하는 뜻은 앞과 같다.

1) 문답으로 의심을 끊는다.

> "수보리야, 비유컨대 어떤 사람의 몸이 거대한 수미산과도 같다면 그대는 어떻게 생각하느냐? 그 몸이 크다고 할 수 있겠느냐?"
> "참으로 큽니다, 세존이시여. 왜냐하면 부처님께서는 어떤 실물로 나타난 몸이 아닌 것, 이를 일러 큰 몸이라 말씀하셨기 때문입니다."

논에서 "수미산의 위엄이 높고 멀리 그 세력을 떨치므로 이를 일러 '크다'라고 하지만, 나는 '수미산이 거대하다'라는 마음을 갖고 있지 않으니 이는 분별이 없기 때문이다. 보신불도 이와 같아서 무상법왕의 바탕을 얻음으로 이를 일러 '크다'라고 하지만, 나는 '법왕'이라는 마음을 갖고 있지 않으니 이는 분별이 없기때문이다."라고 하였다.

그러므로 게송에서 "수미산이 크다는 경계를 취한 마음이 없듯 그 과보를 받는 마음도 역시 그러하다."라고 하였다.

非身名身者는

非有漏有爲身이라 是無漏無爲身이다.

故로 偈에 云하되

遠離於諸漏 及有爲法[1]故라하다.

論에 云하되

若如是면 卽無有物이어 唯有淸淨法身이니 以遠離有爲法故라.

以是義故로 實有我體이지 以不依他緣住故라하니라.

---

1. ‘유위有爲’는 경계에 집착하여 생각을 일으키는 중생의 삶이요, ‘무위無爲’는 분별
하여 집착할 일이 없는 부처님의 삶이다. ‘유위’와 ‘무위’의 우열이 분명하지만 깨달
은 자리에서는 ‘무위’조차도 없는 것이다. ‘유위법有爲法’은 마음에서 생각을 일으
켜 생겨나는 것 모두를 말하니 범부와 성인, 이 몸과 이 세상 모든 것을 다 일컬어서
하는 말이다.

'몸이 아닌 것'을 '몸'이라고 한 것은 '유루유위有漏有爲의 몸'이 아니라 '무루무위無漏無爲의 몸'이라는 뜻이다.

그러므로 게송에서 이를 "모든 번뇌와 유위법에서 멀리 벗어났기 때문이다."라고 하였다.

논에서는
"이와 같다면 곧 어떤 경계도 없이 오직 청정법신일 뿐이니, 이는 유위법을 멀리 벗어났기 때문이다. 이런 이치로서 나의 바탕이 실로 있는 것이지 다른 인연에 의지하여 머물러 있는 게 아니기 때문이다."라고 하였다.

2) 校量顯勝 於中文二

一 約外財校量 廣顯經勝

二 約內財校量 倍顯經勝

(1) 初中 二 初 校量勝劣 二 釋勝所以

가. 初中文三

가) 約多河以辨沙

須菩提 如恒河中 所有沙數 如是沙等恒河
수보리 여항하중 소유사수 여시사등항하

於意云何 是諸恒河沙 寧爲多不
어의운하 시제항하사 영위다부

須菩提言
수보리언

甚多 世尊 但諸恒河 尙多無數 何況其沙
심다 세존 단제항하 상다무수 하황기사

恒河者는 從阿耨池[1]東面流出이니 周四十里라.

沙細如麵하며 金沙混流인데

佛多近此說法故로 取爲喩하다.

---

1. 아뇩지는 아뇩달지라고도 하며 타오르는 번뇌가 없다는 뜻이다. 향취산의 남쪽
   대설산의 북쪽에 있다는 상상의 연못이다.

228

2) 비교하여 뛰어난 점을 드러내니 글에 두 가지가 있다. '모래알 수로 비교하여 경의
　뛰어난 점을 널리 드러낸 것'과, '사구게로 비교하여 경의 뛰어난 점을 더욱 명확히
　드러낸 것'이다.

(1) '모래알 수로 비교하여 경의 뛰어난 점을 널리 드러낸 것'에 둘이 있으니, '뛰
　어난 점과 그렇지 못한 점을 비교한 것'과 '뛰어난 까닭을 풀이한 것'이다.
가. '뛰어난 점과 그렇지 못한 점을 비교한 것'에 셋이 있다.
가) 많은 강의 모래를 합쳐 그 수량을 드러내다.

> "수보리야, 갠지스 강 모래알 수만큼이나 많은 갠지스 강이 있다
> 면, 그대는 어떻게 생각하느냐? 이 모든 갠지스 강에 있는 모래
> 알 수를 많다고 할 수 있겠느냐?"
> 장로 수보리가 말하였다.
> "참으로 많습니다, 세존이시여. 단지 모든 갠지스 강만 해도 헤
> 아릴 수 없이 많거늘, 하물며 그 모래알 수야 더 말할 필요가 있겠
> 습니까?"

갠지스 강은 '아뇩지'라는 못의 동쪽에서 흘러나오니 그 못의 주위
가 사십 리나 된다. 그 모래는 마치 밀가루처럼 곱고 가늘며 강물에
는 금모래가 섞여 흐르는데, 이 강가에서 부처님이 여러 차례 설법
하셨으므로 이 갠지스 강의 모래를 비유로 삼았던 것이다.

나) 約多沙以彰福

須菩提 我今實言 告汝
수보리 아금 실언 고여

若有 善男子 善女人 以七寶滿 爾所恒河沙數
약유 선남자 선여인 이칠보만 이소항하사수

三千大千世界 以用布施 得福多不 須菩提言 甚多世尊
삼천대천세계 이용보시 득복다부 수보리언 심다 세존

論에 云하되

前已說喩인데 何故 復說[1]인고하니

偈에 云하되

說多義差別이어 亦成勝校量하여

後福過於前이니 故重說勝喩라하다.

何故로 不先說此喩오.

爲漸化衆生하여 令信上妙義故때문이며

又 前未顯 以何等勝功德 能得菩提故때문이다.

---

1. 앞에서는 삼천대천세계 하나의 보배 보시를 말하였고, 여기서는 갠지스 강 모래알 수만큼이나 많은 삼천대천세계의 보배 보시를 말하고 있으니, 비유는 중복되고 있지만 뒤에 것이 더 많고 더 뛰어난 것이기에 뜻이 중복된 것은 아니다.

나) 더 많은 모래로 비교하여 그 복을 드러내다.

> "수보리야, 내가 이제 진실한 말로 그대에게 일러 주겠노라. 만약 어떤 선남자 선여인이 저 갠지스 강 모래알 수만큼이나 많은 삼천대천세계를 일곱 가지 보배로 가득 채워 보시한다면 그들이 얻을 복이 많겠느냐?"
> "참으로 많습니다, 세존이시여."

논에서 "앞에서 이미 보배로 보시한 비유를 말했는데, 무엇 때문에 이를 다시 말하고 있는가?"라고 물으니,

게송에서는 "많다는 말에도 그 뜻에 차이가 있어, 보다 더 뛰어난 비교를 만들어 내어, 뒤의 복이 앞의 것보다 훨씬 더 많다는 것을 나타내니 그러므로 더 뛰어난 비유로 거듭 말한다."라고 답한다.

무슨 이유로 먼저 이 비유를 말하지 않았는가?

차근차근 중생을 교화하고 믿게 하여 오묘한 이치로 나아가게 하려고 했기 때문이며, 또 앞에서는 아직 어떤 뛰어난 공덕으로 깨달음을 얻을 수 있는지를 드러내지 않았기 때문이다.

다) 約多福以顯勝

佛告 須菩提
불고 수보리

若善男子 善女人 於此經中 乃至受持 四句偈等 爲他人說
약선남자 선여인 어차경중 내지수지 사구게등 위타인설

而此福德 勝前福德
이차복덕 승전복덕

施感生死이나

經趣菩提니

大意 同前이다.

다) 더 많은 복으로 뛰어난 것을 드러내다.

> 부처님께서 수보리에게 말씀하셨다.
> "만약 선남자 선여인이 이 경이나 이 가르침 속에 있는 네 구절의
> 게송만이라도 받아 지녀 다른 사람들을 위하여 그 뜻을 일러 준
> 다면, 이 복덕은 앞에서 말한 일곱 가지 보배로 보시한 복덕보다
> 도 더 뛰어날 것이니라."

보배를 보시한 과보는 생사의 복덕을 가져오나, 경의 가르침을 받
아 지님은 깨달음으로 나아가는 것이니, 말하는 뜻은 앞의 내용과
같다.

나. 釋勝所以 於中文五

가) 尊處歎人勝 又三

(가) 明處可敬

復次 須菩提
부차 수보리

隨說是經 乃至 四句偈等
수설시경 내지 사구게등

當知 此處 一切世間 天人 阿修羅 皆應供養 如佛塔廟
당지 차처 일체세간 천인 아수라 개응공양 여불탑묘

大般若에 說하되

天帝不在는 諸天若來하여 但見空座라도

盡皆作禮 供養而去라하다.

窣堵波[1]는 此云 高顯인데

塔者는 邊國訛語이다.

廟는 貌也니

於塔中에 安佛形貌이다.

---

1. '솔도파窣堵波'는 범어 'stūpa'의 음사로 부처님의 유골, 유품을 모시기 위해 세운
   건축물이다. 사리탑, 솔탑파, 탑파, 탑, 부도浮屠 등으로 번역되는 불탑의 총칭이다.

나. ‘뛰어난 까닭을 풀이한 것’이니, 그 가운데 다섯 부분이 있다.

가) 경이 있는 곳과 공부하는 사람을 존경하고 찬탄할 만큼 뛰어나다. 여기에도
세 가지가 있다.

(가) 공경할 만한 처소임을 밝히다.

> 다시 부처님께서 수보리에게 말씀하셨다.
> “또한 수보리야, 이 경이나 이 가르침 속에 있는 네 구절의 게송
> 만이라도 설하는 곳이 있다면, 마땅히 여기는 모든 세간에 있는
> 하늘의 신이나 인간, 아수라 등이 부처님이 계시는 절이나 탑처
> 럼 받들어 공양 올려야 할 곳임을 알아야 한다.”

『대반야경』에서는

“제석천왕이 없을 때 다른 천왕이 오면 제석천왕의 빈자리만 보더
라도 모두 예를 표하고 공양을 올리고 간다.”라고 하였다.

‘솔도파窣堵波’는 높이 드러낸다는 뜻인데, ‘탑塔’은 변방의 사투리
이다.

‘묘廟’는 공경하는 뜻을 나타내는 모습이니, 탑 가운데 부처님의 성
상을 모셔놓은 곳이다.

(나) 顯人獲益

何況 有人盡能 受持讀誦
하황 유인진능 수지독송

須菩提 當知 是人成就 最上第一 希有之法
수보리 당지 시인성취 최상제일 희유지법

前四句도 猶勝인데

況此盡受持아.

故로 最上等也이다.

(다) 顯處有佛

若是經典 所在之處
약시경전 소재지처

即爲有佛 若尊重弟子
즉위유불 약존중제자

經顯如來法身하니

依法則 有報化이다.

又 一切賢聖이 皆以無爲法으로 得名인데

經顯無爲하니 必有賢聖 尊重弟子이다.

236

(나) 사람들에게 많은 이익이 있음을 드러내다.

> "하물며 이 가르침을 남김없이 받들어 지니고 독송하는 사람이
> 야 더 말할 필요가 있겠느냐? 수보리야, 그대는 마땅히 이 사람
> 이 세상에서 가장 으뜸가는 경이롭고 희유한 법을 성취한 줄 알
> 아야 한다."

앞의 네 구절 게송도 그 공덕이 뛰어난데, 하물며 이 경전의 가르침
을 모두 받아 지님에 더 말할 필요가 있겠느냐? 그러므로 '가장 으뜸
가는 경이롭고 희유한 법'이다.

(다) 경전 있는 곳에 부처님이 계심을 드러내다.

> "이 경전이 있는 장소는 부처님이 계시는 곳이요
> 존경하고 받들어 모셔야 할 부처님의 훌륭한 제자들이 있는 곳
> 과 같으니라."

경에서 여래의 법신을 드러내니, 진리 그 자체인 법신에 의지하여
수행하면 그곳에 보신과 화신이 있다.
또 모든 성현이 다 무위법으로 그 지위를 얻는데, 경에서 무위법을
드러내니 경전이 있는 곳에 반드시 성현과 존중할 부처님의 제자가
있다.

나) 約義辨名勝

爾時 須菩提 白佛言
이시 수보리 백불언

世尊 當 何名此經 我等 云何奉持
세존 당 하명차경 아등 운하봉지

佛告 須菩提
불고 수보리

是經名爲 金剛般若波羅蜜 以是名字 汝當奉持
시 경명위 금강반야바라밀 이시명자 여당봉지

所以者何 須菩提
소이자하 수보리

佛說般若波羅蜜 卽非般若波羅蜜 是名般若波羅蜜
불설반야바라밀 즉비반야바라밀 시명반야바라밀

佛立經名은 約能斷惑인데
斷惑故로 勝也이다.

卽非般若者에 無着은 云하되 對治如言執이라하다.

238

나) 뜻에 의지하여 이름을 밝히니 뛰어나다.

> 그때 장로 수보리가 부처님께 사뢰어 물었다.
> "세존이시여, 이 경의 이름을 무어라 불러야 하며 저희들이 어떻게 받들어 지녀야 합니까?"
> 부처님께서 수보리에게 말씀하셨다.
> "이 경은 '깨달음으로 가는 금강의 지혜'라는 뜻을 지닌 '금강반야바라밀경'이라고 하니, 이 이름으로 그대들은 받들어 지녀야 할 것이다."
> "왜냐하면 수보리야, 부처님이 말씀하신 '깨달음으로 가는 지혜 반야바라밀'은 '어떤 실체가 있는 반야바라밀'이 아니기 때문에 이를 일러 '반야바라밀'이라고 한다."

부처님께서 내세우는 경전의 이름은 중생의 어리석음을 끊는다는 의미가 반드시 드러나도록 하니, 미혹을 끊기 때문에 경전의 공덕이 뛰어난 것이다.

반야바라밀이 아니라고 한 '즉비반야卽非般若'에 대해서 무착은 "부처님께서 말씀하신 반야바라밀에 대한 집착을 다스리는 것"이라고 하였다.

다) 佛無異說勝

須菩提 於意云何 如來有所說法不
수보리 어의운하 여래유소설법부

須菩提 白佛言 世尊 如來 無所說
수보리 백불언 세존 여래 무소설

無所說者는 無別異增減之說이고

但如證而說이니 旣如其證이라면 則無所說이다.

三世諸佛도 皆然이니

故로 云하되 無異說이라하다.

故로 論에 云하되

無有一法도 唯獨如來說이고 餘佛도 不說이라하고

無着은 云하되

第一義는 不可說이라하다.

다) 부처님께 달리 설한 법이 없으니 뛰어나다.

> "수보리야, 그대는 어떻게 생각하느냐? 여래께서 말씀하신 법
> 이 있겠느냐?"
> "세존이시여, 여래께서는 법을 말씀하신 바가 없습니다."

"법을 말씀하신 바가 없다.(無所說)"라는 것은 달리 보태거나 덜어
낼 말이 없다는 뜻이다. 다만 깨달은 대로 말했을 뿐이니, 이미 그
깨달음대로라면 말할 바가 없다. 과거 현재 미래 모든 부처님도 다
그러하니, 그러므로 "달리 말씀하신 바가 없다."라고 말한다.

그러므로 논에서는 "오직 여래께서만 설하신 법이란 그 어떤 것도
없고, 다른 부처님도 설하지 않으셨다." 하고,

무착은 "'으뜸가는 뜻(第一義)'은 말할 수 있는 것이 아니다."라고
하였다.

라) 施福劣塵勝

須菩提 於意云何 三千大千世界 所有微塵 是爲多不
수보리 어의운하 삼천대천세계 소유미진 시위다부

須菩提言 甚多 世尊
수보리언 심다 세존

須菩提 諸微塵 如來說 非微塵 是名微塵
수보리 제미진 여래설 비미진 시명미진

如來說 世界 非世界 是名世界
여래설 세계 비세계 시명세계

論에 云하되

寶施福德은 是煩惱因이니 以能成就煩惱事故때문이다.

地塵은 無記[1]로서 非煩惱因故로 塵勝施劣이라고

大雲은 云하되

諸地塵은 則非貪等煩惱塵이니 是名無記地塵이라한다.

如來께서 說彼三千界는 卽非煩惱染因界이니

是名地塵無記界라하다.

是則 界爲塵因이지만 塵不生煩惱하고

施爲福因이지만 福生煩惱때문이다.

---

1. '무기無記'에서 '기記'는 선인지 악인지를 판단하여 기록한다는 의미가 있다. 그러 므로 무기는 선으로 단정할 수도 없고 또한 악이라고 단정할 수도 없어 선도 악도 아닌 성품을 말한다. 공부하는 과정에서 텅 빈 성품에 아무 것도 없다고 집착하는 것을 말한다.

라) 보시 복덕보다 티끌의 복덕이 뛰어나다.

> "수보리야, 그대는 어떻게 생각하느냐? 삼천대천세계를 이루
> 고 있는 모든 티끌의 수가 많겠느냐?"
> "참으로 많습니다, 세존이시여."
> "수보리야, 이 모든 티끌을 여래께서 어떤 실체가 있는 티끌이
> 아니라고 말씀하셨으므로, 이를 일러 티끌이라고 한다. 여래께
> 서 말씀하신 세계도 어떤 실체가 있는 세계가 아니므로, 이를
> 일러 세계라고 하느니라."

논에서 "보배를 보시하여 얻은 복덕이 번뇌의 원인이 되는 것은
이로 인해 번뇌를 일으킬 일이 생기기 때문이다. 티끌은 무기無記
로서 번뇌의 원인이 아니기에 티끌의 복덕이 뛰어나고 보시 복덕은
그보다 못하다." 하고,
대운大雲은 "모든 티끌은 탐진치 번뇌를 일으키는 티끌이 아니니
이를 일러 '무기 티끌'이라 한다. 여래께서 말한 삼천대천세계는
번뇌로 오염된 세계가 아니니, 이를 일러 '티끌 무기의 세계'라고
한다."라고 하였다.

이는 곧 세계가 티끌이 원인이 되어 만들어지지만 티끌은 번뇌를
일으키지 않고, 보시는 복덕이 원인이 되어 베풀어지지만 그 복덕
에서는 번뇌가 생기기 때문이다.

마) 感果離相勝

須菩提 於意云何
수보리 어의운하

可以三十二相 見如來不
가이삼십이상 견여래부

不也 世尊 不可 以三十二相 得見如來
불야 세존 불가 이삼십이상 득견여래

何以故 如來說 三十二相 卽是非相 是名三十二相
하이고 여래설 삼십이상 즉시비상 시명삼십이상

恐 施寶者 云하되 我施求佛인데 誰言煩惱리오하니
故로 此經에 云하되 可以相으로 爲佛不아하다.

論에 云하되
持說此經하면 能成菩提이어 勝彼福德이니 何以故오.
彼相은 於佛菩提에서는 非法身相故때문이니
經福은 能降 施福得三十二相이라하다.

意明 經福이 降施方得色相佛身이다.
若但寶施라면 卽煩惱因이다.

244

마) 결과로써 온갖 모습을 떠나니 뛰어나다.

> "수보리야, 그대는 어떻게 생각하느냐? '서른두 가지 뛰어난 모
> 습'으로 여래를 볼 수 있겠느냐?"
> "아닙니다, 세존이시여. '서른두 가지 뛰어난 모습'으로 여래를
> 볼 수 없습니다. 왜냐하면 여래께서 말씀하신 '서른두 가지 뛰
> 어난 모습'은 어떤 실체가 있는 '서른두 가지 뛰어난 모습'이 아
> 니므로, 이를 일러 '서른두 가지 뛰어난 모습'이라고 하는 것입
> 니다."

칠보를 보시한 사람이 "내가 부처님이 되려고 보시하는데 누가 이
를 번뇌라고 하겠는가?"라고 한 말이 걱정되어, 이 경에서 "모습으
로써 부처님이 될 수 있겠는가?"라고 되묻는 것이다.

논에서 "이 경을 지니고 가르치면 깨달음을 이룰 수 있어 보시 복덕
보다 더 뛰어나니 무엇 때문인가? 나타난 모습은 부처님 깨달음에
서는 법신의 모습이 아니기 때문이다. 경의 복덕은 보시의 복덕으
로 얻은 서른두 가지 모습보다 더 뛰어나다."라고 한다.

이 뜻은 경의 복덕이 '보배를 보시해 얻는 모습으로 나타나는 부처
님의 몸'보다 더 뛰어남을 밝히는 것이다. 그러므로 보배만 보시하
면 곧 번뇌만 일으킬 뿐이다.

(2) 約內財校量 倍顯經勝. 於中文二

가. 校量勝劣

須菩提
수보리

若有善男子 善女人 以恒河沙等 身命布施
약유선남자 선여인 이항하사등 신명보시

若復有人
약부유인

於此經中 乃至 受持四句偈等 爲他人說 其福甚多
어차경중 내지 수지사구게등 위타인설 기복심다

捨身이 勝於寶施이다.

持說은 又勝捨命이다.

나. 釋勝所以 於中文五

가) 泣歎未聞深法勝

爾時 須菩提 聞說是經 深解義趣 涕淚悲泣 而白佛言
이시 수보리 문설시경 심해의취 체루비읍 이백불언

希有世尊 佛說 如是 甚深經典
희유 세존 불설 여시 심심경전

我從昔來 所得慧眼 未曾得聞 如是之經
아종석래 소득혜안 미증득문 여시지경

(2) 사구게로 비교하여 경의 뛰어난 점을 더욱 명확히 드러내니 그 글에 둘이 있다.

가. 뛰어난 복덕과 그렇지 못한 복덕을 비교함

> "수보리야, 만약 어떤 선남자 선여인이 갠지스 강의 모래알 수만
> 큼이나 많은 몸과 목숨을 바쳐 보시했더라도, 어떤 사람이 이
> 경이나 이 가르침 속에 있는 네 구절의 게송만이라도 받아 지녀
> 다른 사람들을 위하여 그 뜻을 일러 준다면, 이 복덕은 헤아릴
> 수 없이 많은 몸과 목숨을 바쳐 보시한 복덕보다도 더 뛰어날
> 것이니라."

몸을 바치는 것이 보배로써 보시하는 것보다 더 뛰어난 복덕이다.
경을 받아 지녀 가르치는 것은 목숨을 바쳐 얻은 복덕보다 더 뛰어
나다.

나. 뛰어난 까닭을 풀이하니 그 가운데 다섯 부분이 있다.

가) 벅찬 감동을 준, 아직 듣지 못한 깊은 법이 뛰어나다.

> 이때 수보리가 이 경의 가르침을 듣고 그 뜻을 깊이 깨닫고는
> 벅찬 감동의 눈물을 흘리면서 부처님께 사뢰었다.
> "경이롭고 희유하십니다, 세존이시여. 부처님께서 이처럼 뜻이
> 깊은 경전을 말씀하시는 것을 제가 예전에 얻은 지혜의 눈으로
> 도 일찍이 듣고 본 적이 없습니다."

捨身之苦도 已感人心인데

何況更聞 不及持說이오.

是故로 悲淚이다.

論에 云하되

念彼身苦하고 尊重法故이므로 悲淚라하다.

慧眼은 人空也이다.

末聞은 法空也이다.

나) 心淨契實具德勝 於中 文二

(가) 正明

世尊 若復有人 得聞是經 信心淸淨 卽生實相
세존 약부유인 득문시경 신심청정 즉생실상

當知 是人成就 第一希有功德
당지 시인성취 제일희유공덕

論에 云하되

此中에 有實相이지

餘者 非實相이라하다.

248

몸을 바치는 고통만으로도 사람의 마음을 크게 감동시키는데, 하물며 그 공덕이 경을 가르치는 공덕에 미치지 못함을 듣고서는 무엇을 더 말할 필요가 있겠느냐? 이 때문에 수보리는 벅찬 감동의 눈물을 흘린다.

논에서 "몸을 바치는 쓴 고통을 생각하고 법을 존중하게 되므로 벅찬 감동의 눈물을 흘린다."라고 하였다.

지혜의 눈이란 자신의 실체가 '공'인 줄 안 것이다.
'미문未聞'은 법의 실체가 공인 줄 아직 듣지 못한 것이다.

나) 맑은 믿음의 참다운 모습에 으뜸 공덕을 갖추니 뛰어나다. 그 내용에 두 가지가 있다.

(가) 바로 그 내용을 밝힘

> "세존이시여, 어떤 사람이 이 가르침을 듣고 맑은 믿음을 낸다면 참다운 모습을 알게 되니, 마땅히 이 사람은 이 세상에서 으뜸가는 경이롭고 희유한 공덕을 성취한 줄 알아야 합니다."

논에서
"반야의 가르침 이 가운데 참다운 모습이 있지, 다른 가르침은 참다운 모습이 아니다."라고 하였다.

(나) 拂迹

世尊
세존

是實相者 卽是非相 是故 如來說 名實相
시 실 상 자 즉 시 비 상 시 고 여 래 설 명 실 상

無着은 云하되 爲離實相分別故라하다.

다) 信解三空同佛勝 於中 文三

(가) 總標信解

世尊 我今得聞 如是經典 信解受持 不足爲難
세존 아 금 득 문 여 시 경 전 신 해 수 지 부 족 위 난

若當來世 後五百歲
약 당 래 세 후 오 백 세

其有衆生 得聞是經 信解受持 是人 卽爲第一希有
기 유 중 생 득 문 시 경 신 해 수 지 시 인 즉 위 제 일 희 유

無着은 云하되

未來法滅時에도 尙有菩薩受持이니

故로 無我人等取인데

云何汝等은 於正法時에 遠離修行하고 不生慚愧오하다.

(나) 온갖 자취에 대한 집착을 떨쳐 버린다.

> "세존이시여, 이 가르침의 '참다운 모습'이란 곧 '어떤 실체가
> 있는 모습'이 아니니, 이런 까닭으로 여래께서는 '참다운 모습'
> 이라 말씀하시는 것입니다."

무착은 "실상에 대한 분별을 떠나게 한 것이다."라고 하였다.

다) 삼공三空을 믿고 알아 부처님과 같아지는 뛰어난 점이니 글에 세 가지가 있다.
(가) 믿고 아는 내용을 모두 드러내다

> "세존이시여, 제가 지금 이 경전의 가르침을 듣고서 그대로 믿고
> 알아 받아 지니는 것은 그리 어려운 일이 아닙니다.
> 그러나 뒷날 오백 년이 지난 후에 어떤 중생이 이 가르침을 듣고
> 서 믿고 알아 받아 지닌다면, 이 사람은 세상에서 가장 경이롭고
> 희유한 사람이 될 것입니다."

무착은
"오는 세상에 법이 멸할 때에도 보살들은 이 법을 받아 지니므로
'나'나 '남'에 대한 모습에 집착함이 없을 것이다. 그런데 어찌하여
그대들은 정법 시대에 수행을 멀리하고도 부끄러움을 모른단 말인
가?"라고 말하였다.

(나) 別顯三空

何以故
하 이 고

此人 無我相 無人相 無衆生相 無壽者相
차 인 무 아 상 무 인 상 무 중 생 상 무 수 자 상

所以者何
소 이 자 하

我相 卽是非相
아 상 즉 시 비 상

人相 衆生相 壽者相 卽是非相
인 상 중 생 상 수 자 상 즉 시 비 상

何以故 離一切諸相 卽名諸佛
하 이 고 이 일 체 제 상 즉 명 제 불

無着은 云하되

無我等者 無人取我相이고

卽非相等者 無法取이며

離一切相者 顯示諸菩薩 隨順學相이라.

諸佛世尊이 離一切相이니

是故로 我等도 應如是學이라하다.

252

(나) 따로 이공, 법공, 중도공을 드러내다.

"왜냐하면 이 사람은 '나라는 모습, 남이라는 모습, 나와 남들이 어울려 생겨나는 우리 중생이라는 모습, 또는 이들 모두의 생명이 영원할 것이라는 모습'에 집착하지 않기 때문입니다. 무슨 말인가 하면, '나라는 모습'은 어떤 실체가 있는 나라는 모습이 아니요, '남이라는 모습, 나와 남들이 어울려 생겨나는 우리 중생이라는 모습, 또는 이들 모두의 생명이 영원할 것이라는 모습' 그 어느 것도 곧 어떤 실체가 있는 모습이 아니기 때문입니다. 왜냐하면 온갖 모습에 대한 집착을 떠난 것 이를 일러 '부처님'이라 부르기 때문입니다."

무착은

"무아상無我相 등은 '나라는 모습에 집착하는 사람'이 없는 것이고, 즉비상卽非相 등은 취할 법이 없는 것이며, 이일체상離一切相은 모든 보살이 이치를 따라서 배우는 모습을 말한다. 모든 부처님은 온갖 모습에 대한 집착을 떠나 있으니, 이 때문에 우리들도 이와 같이 배워야 한다."라고 말하였다.

(다) 如來印定

佛告 須菩提 如是如是
불고 수보리 여시여시

(라) 聞時 不動希有勝

若復有人 得聞是經
약부유인 득문시경

不驚 不怖 不畏 當知 是人 甚爲希有
불경 불포 불외 당지 시인 심위희유

論에 云하되

驚者 謂非處生懼요

怖者 不能斷疑心故때문이며

畏者 一向怖故니

其心이 畢竟 墮驚怖故라하다.

254

(다) 여래께서 인정하시다.

> 부처님께서 수보리에게 말씀하셨다.
> "맞다, 맞는 말이다."

(라) 경을 들을 때 흔들리지 않는 마음은 희유하여 뛰어나다.

> "어떤 사람이 이 가르침을 듣고서 놀라거나 두려워하지 않고
> 멀리하지 않는다면 이 사람은 참으로 경이롭고 희유한 사람인
> 줄 알아야 하느니라."

논에서
"놀란다는 '경驚'은 잘못된 곳에서 위태로워지는 것이요, 두려워
떤다는 '포怖'는 의심을 끊을 수 없기 때문이며, '외畏'는 끊임없이
두려워 멀리함을 말하니, 그 마음이 마침내 놀라 두려워하는 '경포
驚怖' 상태에 있는 것이다."라고 하였다.

(마) 大因淸淨第一勝

何以故 須菩提
하이고 수보리

如來說 第一波羅蜜 卽非第一波羅蜜 是名第一波羅蜜
여래설 제일바라밀 즉비제일바라밀 시명제일바라밀

何以故者는 有二이니

一은 躡前不驚等徵이요

二는 都躡前勝以徵이다.

論에 云하되

此法門은 名爲大因이라하고

勝餘修多羅故로 名爲淸淨이라하니

無量諸佛이 同說故때문이다.

故로 彼珍寶檀等은 無如是功德이니

是故로 彼福德中에 此福이 爲勝이라하다.

256

(마) 깨달음으로 가는 맑고 깨끗한 마음이 가장 뛰어나다.

> "왜냐하면 수보리야, 여래께서 말씀하신 '깨달음으로 가는 최상의 방편'은 어떤 실체가 있어 '깨달음으로 가는 최상의 방편'이라 하는 것이 아니므로, 이를 일러 '깨달음으로 가는 최상의 방편'이라고 하기 때문이다."

'왜냐하면(何以故)'에는 두 가지 뜻이 있으니, 하나는 앞에서 말한 "이 가르침을 듣고서 놀라거나 두려워하지 않고 멀리하지 않는다면"의 뜻을 다시 한 번 따져 묻는 것이요 또 하나는 앞에서 말한 뛰어난 점을 모두 모아 다시 한 번 그 내용으로 따져 묻는 것이다.

논에서 "이 법문은 깨달음으로 가는 큰 인연 '대인大因'이라 하고, 어떤 경전보다도 뛰어나므로 이를 일러 맑고도 깨끗한 마음 '청정'이라 하니, 모든 부처님이 이와 똑같이 설하였기 때문이다. 진귀한 보물을 보시함은 이와 같은 공덕이 없으니, 이 때문에 이 법문의 복덕이 가장 수승한 것이다."라고 하였다.

8. 斷持說未脫苦果疑 斷之文二

論에 云하되

說 捨身苦身果報故로 福劣이라하다.

若爾라면 依此法門持說하는 諸菩薩行苦行도 亦是苦果인데

云何 此法이 不成苦果오하다.

1) 明超忍以斷疑

(1) 明忍體

須菩提
수보리

忍辱波羅蜜 如來說 非忍辱波羅蜜 是名忍辱波羅蜜
인욕바라밀 여래설 비인욕바라밀 시명인욕바라밀

忍到彼岸에 已離苦相이다.

況彼岸非岸이니

誰苦誰忍이리오.

8. 경을 지니고 설함으로 인해 고의 과보를 벗어나지 못할 것이 아닌가

_ 이 의심을 끊어주니, 이 의심을 끊는 글에 두 가지가 있다.

논에서 말하기를 "앞서 '몸을 바쳐 보시함은 몸을 괴롭힌 과보이므로 복덕이 부족하다.'라고 말했다. 그렇다면 이 법문에 의지하여 설한 모든 보살의 고행도 역시 고행의 과보를 받을 것인데, 어찌 이 가르침이 고행의 과보를 짓지 않겠는가?"라고 의심하였다.

1) '인욕을 초월하여 의심을 끊는 내용'을 밝히니 그 가운데 두 가지가 있다.
(1) 인욕의 바탕을 밝히다.

"수보리야, '깨달음으로 가는 인욕'도 여래께서 어떤 실체가 있어 참아야 하는 '깨달음으로 가는 인욕'이 아니라고 말씀하시므로 이를 일러 '깨달음으로 가는 인욕'이라고 하느니라."

인욕 선인은 피안에 도달해 있으니 이미 괴로운 모습을 떠나 있다. 하물며 저 언덕은 중생의 언덕이 아니니, 고통스러워 할 사람과 참아야 할 일이 어디 있겠는가?

(2) 明忍相 於中又二

가. 引一生證極苦忍 又二

가) 正明

何以故 須菩提
하이고 수보리

如我昔爲歌利王 割截身體
여아석위가리왕 할절신체

我於爾時 無我相 無人相 無衆生相 無壽者相
아 어이시 무아상 무인상 무중생상 무수자상

歌利王은 此云 極惡이다.

佛昔作仙하여 在山中修道라

王獵疲寢에 妃共禮仙이니라.

王이 問 得四果不아하자 皆答云 不라하니

王이 怒하여 割載하다.

天이 怒하여 雨石하니 王이 懼而懺悔하다.

仙證本無瞋이기에 王乃免害하다.

論은 云하되

不但無苦라 而乃有樂이니 以慈悲故라하다.

260

(2) 인욕의 모습을 밝히는 가운데 다시 두 가지가 있다

가. 일생에서 극고의 인욕을 체험한 내용을 끌어오니 그 내용에 또 두 가지가 있다.

가) 바로 그 내용을 밝히다.

> 무슨 까닭이겠느냐, 수보리야. 옛날 가리왕이 예리한 칼로 나의
> 몸을 잘라서 토막 낼 때, 그때 나는 '나라는 모습, 남이라는 모습,
> 나와 남들이 어울려 생겨나는 우리 중생이라는 모습, 또는 이들
> 모두의 생명이 영원할 것이라는 모습'에 집착하지 않았기 때문
> 이다.

가리왕은 지극히 나쁜 왕이라는 뜻이다.

부처님께서 전생에 선인이 되어 산에서 도를 닦을 때였다. 왕이 사
냥을 왔다가 피로하여 잠이 든 사이에 궁녀들이 모두 선인에게 예
배하였다. 화가 난 왕이 선인에게 "네 가지 도를 얻었느냐?"라고
묻자, "얻지 못하였다."라고 답하니 왕이 노하여 칼로 선인을 베었
다. 하늘이 노하여 돌비를 내리니 왕이 두려워하여 참회하였다. 선
인의 깨달음은 본디 성냄이 없는 것이기에 왕이 재앙을 면할 수 있
었다. 논에서는 "고통이 없을 뿐만 아니라 즐거움까지 있으니 자비
롭기 때문이다."라고 하였다.

나) 反顯

何以故
하 이 고

我於往昔 節節支解時
아 어 왕 석 절 절 지 해 시

若有 我相 人相 衆生相 壽者相 應生嗔恨
약 유 아 상 인 상 중 생 상 수 자 상 응 생 진 한

나. 引多生證相續忍

須菩提 又念過去 於五百世 作忍辱仙人
수 보 리 우 념 과 거 어 오 백 세 작 인 욕 선 인

於爾所世 無我相 無人相 無衆生相 無壽者相
어 이 소 세 무 아 상 무 인 상 무 중 생 상 무 수 자 상

累苦故忍이고 忍熟而樂이다.

但與正定慈悲相應故때문이다.

偈에 云하다.

離我及恚相하여 實無有苦惱이어

共樂有慈悲니 如是苦行果로다.

나) 반대로 그 내용을 드러내다.

> "무슨 말인고 하면, 내 몸이 마디마디 사지가 찢길 때에 '나라는 모습에 집착하고, 남이라는 모습에 집착하며, 나와 남들이 어울려 생겨나는 우리 중생이라는 모습에 집착하고, 또는 이들 모두의 생명이 영원할 것이라는 모습에 집착하는 것'이 있었다면, 반드시 나는 가리왕에게 성내고 원망하는 마음을 냈을 것이기 때문이다."

나. 여러 생에 이어진 인욕의 삶을 체험한 내용을 이끌어 온다.

> "수보리야, 또 과거 오백세에 인욕선인으로 살던 일을 생각하니 그때 세상에서도 나는 '나라는 모습, 남이라는 모습, 나와 남들이 어울려 생겨나는 우리 중생이라는 모습, 또는 이들 모두의 생명이 영원할 것이라는 모습'에 집착이 없었다."

고행이 쌓여 인욕이 되고 인욕을 넘어섰으므로 즐거움이 된다. 이는 다만 올바른 선정과 자비로써 일어나는 경계에 상응하기 때문이다. 게송에서 말하였다.

"나와 '성냄'의 모습을 떠나서, 어떤 일에도 실로 고뇌가 없어 즐거움 속에 자비만이 있으니, 이와 같음은 고행의 결과로다."

2) 勸離相以安忍 於中文二

論에 云하되

若有菩薩이 不離我相이면

見苦行苦때 欲捨菩提心故로 勸離相이라하다.

無着은 云하되 爲對治不忍因緣이다.

不忍因緣이 有三種故니

謂 流轉苦 衆生相違苦 乏受用苦라하다.

(1) 總標

是故 須菩提 菩薩 應離一切相 發阿耨多羅三藐三菩提心
시 고 수 보 리 보 살 응 리 일 체 상 발 아 뇩 다 라 삼 먁 삼 보 리 심

若離相發心하면

雖逢大苦라도 卽能不捨이다.

無着은 云하되

離一切相者는

爲離如是三苦相也라하다.

264

2) 온갖 모습에 대한 집착을 여의어 인욕에 안주할 것을 권하니 그 가운데 두 가
   지가 있다.

논에서 "보살이 아상我相을 버리지 않으면 고행을 하며 고통스러
울 때 보리심을 버리려고 하므로 온갖 모습에 대한 집착을 여의라
고 한다."라고 하였다.

무착은 "견디기 힘든 인연을 다스리기 위한 것이다. 견디기 힘든
인연에 세 종류가 있으니, 육도윤회의 고통, 중생의 삶이 뜻대로
되지 않는 고통, 생필품이 부족한 고통이다."라고 말하였다.

(1) 전체 내용을 드러내다.

> "그러므로 수보리야, 보살은 온갖 허망한 모습을 떠나 '더할 나
> 위 없이 높고도 올바른 깨달음'을 얻고자 마음을 내야 한다."

온갖 허망한 모습을 떠나 발심하면 큰 고통을 만나더라도 보리심을
버리지 않는다.

무착은 "온갖 모습에 대한 집착을 떠난 것은 육도윤회의 고통, 중생
의 삶이 뜻대로 되지 않는 고통, 생필품이 부족한 고통에서 벗어나
는 것이다."라고 하였다.

(2) 別顯 於中文二

가. 對治不忍流轉[1]苦

> 不應住色生心 不應住聲香味觸法生心 應生無所住心
> 불응주색생심 불응주성향미촉법생심 응생무소주심
>
> 若心有住 卽爲非住
> 약심유주 즉위비주
>
> 是故 佛說 菩薩 心不應住色布施
> 시고 불설 보살 심불응주색보시

初는 正明 流是集諦이고 轉是苦諦이다.

無着은 云하되 若着色等則 於流轉苦中에 疲乏故로 菩提心이 不生
이라하다. 後는 引證이다. 引前說無住施 具含六度하여 證此文矣이다.

나. 對治不忍相違苦

> 須菩提 菩薩 爲利益一切衆生 應如是布施 如來說 一切諸
> 수보리 보살 위이익일체중생 응여시보시 여래설 일체제
>
> 相 卽是非相 又說 一切衆生 卽非衆生
> 상 즉시비상 우설 일체중생 즉비중생

---

1. 유전流轉은 범어 pravrtti의 번역으로 번뇌로 인해 윤회하는 것을 말한다.

(2) 따로 그 내용을 드러내니 두 가지가 있다.

가. 육도윤회의 고통 '유전고'를 참지 못함을 다스린다.

> "형색에 얽매이지 말고 소리·냄새·맛·촉감·마음의 대상에도
> 얽매이지 않아 반드시 그 어디에도 집착하지 않는 마음을 내야
> 한다. 만약 마음이 어떤 대상에 얽매여 있다면 이는 곧 보살이
> 머무를 곳이 아니기 때문이다. 이런 까닭에 부처님께서 '보살은
> 형색에 집착하여 보시해서는 안 된다'라고 말씀하시느니라."

첫 부분에서 바로 '유流'는 '집제集諦'이고 '전轉'은 '고제苦諦'임을
밝힌다. 무착은 "형색에 집착하면 '유전고流轉苦'에 시달리므로 보
리심이 생겨나지 않는다."라고 하였다. 뒤는 이 내용을 증명하는
것이다. 앞서 말한 '집착 없는 보시'가 육바라밀을 다 갖춘 것임을
끌어다 이 글을 증명하고 있다.

나. 중생의 삶이 뜻대로 되지 않는 '중생상위고'를 참지 못함을 다스린다.

> "수보리야, 보살은 모든 중생을 이롭게 하기 위하여 이처럼 보시
> 해야 하느니라."
> "여래께서는 '온갖 모습도 곧 어떤 모습이라고 할 실체가 있는
> 것이 아니다' 하고, 또 '모든 중생도 곧 중생이라고 할 어떤 실체
> 가 있는 것이 아니다'라고 말씀하셨다."

無着은 云하되

既爲衆生行施인데 云何於彼生瞋이오.

由不能無衆生想故때문이다.

衆生相違時 即生疲乏故로

顯示人無我法無我니라.

其第三苦는 此不用之라하다.

論에 云하되

諸相者는 衆生相也요

非相者는 無我也니라.

陰中見我 是衆生相이니

一切衆生者 五陰¹法也이다.

非衆生者는

陰空故로 法無我也라하다.

---

1. 오음五陰은 오온五蘊을 말한다.

무착은 말하였다.

"중생을 위하여 보시를 했는데 왜 그들에게 화를 내는가? 이는 중생에 대한 집착이 있기 때문이다. 중생의 삶이 뜻대로 되지 않을 때 삶에 시달리기 때문에, '사람과 법의 모습'에서 '내 것이라 할 집착이 없음'을 드러낸다. 받아쓰는 생필품이 부족한 '핍수용고乏受用苦'는 여기에서 언급하지 않았다."

논에서 말하였다.

"온갖 모습이란 중생의 모습이요, '어떤 모습이라고 할 실체가 아니다(非相)'는 '내 것이라고 집착할 대상이 없다(無我)'는 것이다. 몸과 마음에서 '나라 집착하여 보는 것'이 중생의 모습이니, 온갖 중생이란 '몸과 마음에 집착하는 법'을 말한다. '중생도 중생이라고 할 어떤 실체가 아니다(非衆生)'는 것은, 오음이 '공空'이므로 법의 모습에서 '내 것이라고 집착할 대상이 없다(無我)'는 것이다."

9. 斷能證無體非因疑 斷之文二

論에 云하되

於證果中에 無道인데 云何彼於果에 能作因이리오하다.

1) 斷疑

須菩提
수보리

如來 是眞語者 實語者 如語者 不誑語者 不異語者
여래 시진어자 실어자 여어자 불광어자 불이어자

佛所有說은 皆如其事이다.

今說證果인데 何疑不然이리오.

眞語者는

說佛大菩提法也니 是眞智故때문이다.

實語者는

說小乘四諦[1]니 諦是實義때문이다.

---

1. 소승의 '사제관四諦觀'은 불완전하므로 '유작사제有作四諦'라 하여 낮추었으며 대
   승의 사제관은 완전하므로 '무작사제無作四諦'라 한다. 여기서 갑자기 "알찬 말實
   語)은 소승의 사제를 말한다."라고 한 것은, '있는 진실 그대로 말했다는 의미'를
   강조하는 뜻에서 소승이란 표현이 쓰인 게 아닌가 생각한다.

9. 증득함에 바탕이 없으면 인因이 아니지 않은가

_ 이 의심을 끊어주니, 이 의심을 끊는 글에 두 부분이 있다.

논에서 "증과證果에는 '도道'조차 없는데 어떻게 증과證果가 '인因'이 될 수 있단 말인가?" 하고 의심하였다.

1) 의심을 끊는다.

> "수보리야, 여래께서는 참말을 하시는 분이며, 알찬 말을 하시는 분이며, 있는 그대로의 말을 하시는 분이며, 속이지 않는 말을 하시는 분이며, 틀린 말을 하시지 않는 분이시다."

부처님의 모든 말씀은 모두 있는 그대로이다. 지금 '증과證果'를 설명했는데 어찌 그렇지 않다고 의심하리오.

'참말(眞語)'은 부처님이 크게 깨달으신 법을 말씀하신 것이니, 이는 참다운 지혜이기 때문이다.

'알찬 말(實語)'은 소승의 사제四諦를 말씀하신 것이니, '제諦'는 진리로서 알찬 뜻이기 때문이다.

如語者는 說大乘法이니

大乘法은 有眞如이지만 小乘은 無也때문이다.

不異語者는

說三世授記等事가 更無參差때문이다.

佛이 將此四語로 不誑衆生하니

是故로 秦譯에 加不誑語하다.

2) 離執

須菩提 如來所得法 此法 無實無虛
수보리 여래소득법 차법 무실무허

無實者는

如其言說이니 性非有故때문이다.

無虛者는

不如言說이니 自性有故때문이다.

'있는 그대로의 말(如語)'은 대승의 법을 말씀하신 것이니, 대승의 법에는 진여가 있지만 소승에는 없기 때문이다.

'틀리지 않는 말(不異語)'은 과거 현재 미래의 수기 등에 대하여 말씀하신 것이 조금도 틀림없기 때문이다.

부처님께서 이 네 가지 말로 중생을 속이지 않으니, 이 때문에 진나라 번역에는 '속이지 않는 말(不誑語)'을 더 보탠 것이다.

2) 집착을 떠나게 한다.

> "수보리야, 여래께서 깨달으신 법, 이 법은 참된 것도 아니요,
> 헛된 것도 아니니라."

'참된 것도 아니다(無實)'는 부처님의 말씀과 같다는 뜻이니, 그 성품에 어떤 실체도 있는 것이 아니기 때문이다.

'헛된 것도 아니다(無虛)'는 부처님의 말씀과 같다는 뜻이 아니라는 것이니, 깨달음에는 자신의 성품으로서 온갖 공덕이 갖추어져 있기 때문이다.

10. 斷如偏有得無得疑 斷之文二

論에서 云하되

若聖人이 以無爲眞如法으로 得名이면

彼眞如는 一切時處에 恒有어늘

何故로 有得者 有不得者오하다.

1) 擧喩斷疑

須菩提 若菩薩 心住於法 而行布施 如人入闇 卽無所見
수보리 약보살 심주어법 이행보시 여인입암 즉무소견

若菩薩 心不住法而行布施 如人有目 日光明照 見種種色
약보살 심부주법이행보시 여인유목 일광명조 견종종색

論에 云하되

無智住法하면 心不淸淨故로 不得이요

有智不住法하면 心淸淨故로 得이다.

有目者 如得對治法이고

日光者 如所治闇盡에 能治現前이다.

旣有目及日光이면 合見空中諸色이니

空喩眞如之性이요 色喩性上萬德이라하다.

274

10. **진여가 두루 있는데 이를 얻고 얻지 못한 사람을 나눌 수 있는가**

_ 이 의심을 끊어주니, 이 의심을 끊는 글에 두 가지가 있다.

논에서 "성인이 무위진여의 법으로 이름을 얻었다면, 진여는 모든 때와 장소를 가리지 않고 늘 있거늘 어찌하여 얻는 자도 있고 얻지 못하는 자도 있는가?"라고 하였다.

1) 비유를 들어 의심을 끊는다.

> "수보리야, 만약 보살이 어떤 대상에 집착하여 보시한다면, 이는 어둠 속에 들어가 아무것도 보지 못하는 것과 같다.
> 만약 보살이 어떤 대상에 집착하지 않고 보시한다면, 이는 눈 밝은 사람이 환한 대낮에 온갖 사물을 보는 것과 같으니라."

논에서 "지혜가 없어 법에 집착하면 마음이 맑고 깨끗하지 못하므로 얻을 수 없는 것이요, 지혜가 있어 법에 집착하지 않으면 마음이 맑고 깨끗하므로 얻는 것이다. 눈 밝은 사람이 마음 다스리는 법을 얻는 것과 같고, 햇빛에 어둠이 걷혀 밝음이 드러나는 것과 같다. 이미 눈과 햇빛이 있다면 허공의 온갖 모습을 보니, 허공은 진여의 성품에 비유한 것이요, 온갖 모습은 성품 속에 드러나는 온갖 공덕을 비유하는 것이다."라고 하였다.

2) 讚經功德 於中有二

(1) 總標

須菩提
수보리

當來之世 若有 善男子 善女人 能於此經 受持讀誦 即爲如
당래지세 약유 선남자 선여인 능어차경 수지독송 즉위여

來 以佛智慧 悉知是人 悉見是人 皆得成就 無量無邊功德
래 이불지혜 실지시인 실견시인 개득성취 무량무변공덕

無着은 云하되

讀誦者 此說受持因故이다.

爲欲受故로 讀이요 爲欲持故로 誦이라하다.

論에 云하되

受持修行은 依總持法故요

讀誦修行은 依聞慧廣故라하다.

是則 從他聞法하고 內自思惟하여 爲得修行智也니라.

故로 偈에 云하되

須從他及內라하다.

276

2) 경의 공덕을 찬탄하는 것이니 그 가운데 두 가지가 있다.

(1) 전체 내용을 드러내다.

> 수보리야, 오는 세상에 선남자 선여인이 이 경을 받아 지녀 읽고
> 외운다면, 여래께서 깨달음의 지혜로 이 사람들을 다 알고 보시
> 니, 이들 모두는 헤아릴 수 없이 많은 공덕을 성취할 것이니라.

무착은 "읽고 외운다는 말은 이 경을 받아 지니는 인因을 말하는
것이다. 받아들이고자 읽는 것이요, 지니고자 외우는 것이다."라
고 하였다.

논에서 "경을 받아 지녀 수행한다는 것은 이 경이 '온갖 법이 다 들어
있는 법'이기 때문이요, 읽고 외우며 수행한다는 것은 '이 법을 듣고
지혜를 넓혀 가려는 것'이기 때문이다."라고 하였다. 이는 다른 사
람으로부터 법을 듣고 스스로 사유하여 수행의 지혜를 얻어 가는
과정이다.

그러므로 게송에서 "수행이란 모름지기 밖에서 배운 것을 자기 것
으로 내면화시키는 것이다."라고 하였다.

(2) 別顯 於中文十

가. 捨命不如 又二

가) 捨命福

須菩提 若有善男子 善女人
수보리 약유 선남자 선여인

初日分 以恒河沙 等身布施 中日分 復以恒河沙 等身布施
초일분 이항하사 등신보시 중일분 부이항하사 등신보시

後日分 亦以恒河沙 等身布施 如是 無量百千萬億劫 以身
후일분 역이항하사 등신보시 여시 무량백천만억겁 이신

布施
보시

偈에 云하다.

以事及時大
福中勝福德이라하다.

(2) 따로 그 내용을 드러내니 그 가운데 열 가지가 있다.

가. 목숨을 바치는 것이 경전을 읽고 외우는 것만 못하니 그 내용에 두 가지가 있다.

가) 목숨을 바친 복덕이다.

> "수보리야, 어떤 선남자 선여인이 아침에 갠지스 강의 모래알
> 수만큼이나 많은 몸을 바쳐 보시하고, 낮에 또 갠지스 강의 모래
> 알 수만큼이나 많은 몸을 바쳐 보시하며,
> 다시 저녁에도 갠지스 강의 모래알 수만큼이나 많은 몸을 바쳐
> 보시하며, 이와 같이 헤아릴 수 없이 많은 세월에 걸쳐 자신의
> 몸을 바쳐 보시하여도"

게송에서 말하였다.

"그 많은 세월동안 몸을 바쳐 보시하는 일은 참으로 대단한 것이라
중생의 복 가운데서 가장 뛰어난 복덕이로구나."

나) 信經福

若復有人 聞此經典 信心不逆 其福勝彼
약부유인 문차경전 신심불역 기복승피

何況 書寫 受持讀誦 爲人解說
하황 서사 수지독송 위인해설

信經은 劣於持說이다.

多命은 勝於前喩이다.

나. 餘乘不測

須菩提 以要言之
수보리 이요언지

是經 有不可思議 不可稱量 無邊功德
시경 유불가사의 불가칭량 무변공덕

偈에 云하되 非餘者 境界라하며

無着은 云하되 不可思議者는 唯自覺故때문이요 不可稱量者는 無有
等及勝故때문이라하다.

나) 경을 믿는 복덕이다.

> "만약 어떤 사람이 이 경전의 가르침을 듣고서 믿는 마음이 일어
> 나 거스르지 않고 그대로 따른다면,
> 이 복덕은 헤아릴 수 없이 많은 세월에 걸쳐 자신의 몸을 바쳐
> 보시한 복덕보다도 더 뛰어날 것인데,
> 하물며 이 경전을 쓰고 받아 지녀 읽고 외우면서 남을 위하여
> 그 뜻을 일러 주는 복덕이야 어찌 더 말할 필요가 있겠느냐?"

경을 믿는 복덕은 경을 지니고 설한 것보다 못하다.
많은 목숨을 보시한 복덕은 칠보를 보시한 것보다 더 뛰어나다.

나. 부처님 이외 다른 사람들은 그 공덕을 짐작하지도 못한다.

> "수보리야, 요점을 말하자면 이 가르침에는 생각할 수도 없고
> 헤아릴 수도 없는 끝없이 많은 공덕이 있느니라."

게송에서 "다른 사람이 알 수 있는 경계가 아니다."라고 하였으며,

무착은 "'생각할 수도 없다(不可思議)'는 것은 오직 스스로 깨쳐야
하기 때문이요, '헤아릴 수도 없다(不可稱量)'는 것은 그 공덕과 같거
나 뛰어난 것이 없기 때문이다."라고 하였다.

다. 依大心說

如來 爲發大乘者說 爲發最上乘者說
여래 위발대승자설 위발최상승자설

最上者 一佛乘[1]也이다.

라. 具德能傳

若有人 能受持讀誦 廣爲人說 如來 悉知是人 悉見是人
약유인 능수지독송 광위인설 여래 실지시인 실견시인

皆得成就 不可量 不可稱 無有邊 不可思議功德
개득성취 불가량 불가칭 무유변 불가사의공덕

如是人等 卽爲荷擔 如來阿耨多羅三藐三菩提
여시인등 즉위하담 여래아뇩다라삼먁삼보리

成就等者을 偈에 云하되 滿足無上界라하다.

荷擔者를 無着은 云하되 肩負菩提重擔故때문이라하다.

---

1. 부처님께서 불타는 집에서 아이들이 빠져나오게 하려고 성문승에게는 양이 끄는 수레, 연각승은 사슴의 수레, 보살은 소가 끄는 수레를 준다고 방편을 써서 그 집에서 놀라지 않고 나오게 한다. 이들이 안전한 곳에 이르렀을 때 부처님께서 이들을 흰 소 수레에 태워 부처님 세상으로 들어가게 하니 이것이 일불승이다. 이는『법화경』에 나오는 이야기이다. 승乘은 '사람을 태워 목적지에 데려다 주는 탈 것'을 말한다. '중생을 태워 생사의 바다를 건너 주게 하는 법'을 비유한 것이다. 『법화경』에서는 성문승·연각승·보살승을 합쳐 '삼승三乘'이라 하고, 법화회상에서 이 삼승을 한꺼번에 모아 바로 부처님의 세상으로 나아가는 것을 '일승一乘'이라고 한다.

다. 부처님의 세상으로 가는 큰마음에 의지하여 말한다.

> "여래께서는 '모든 중생과 함께 깨달음으로 가는 공부'에 마음을 낸 사람들을 위하여 이 가르침을 설하셨으며, '부처님의 세상으로 가는 최상승의 길'에서 마음을 낸 사람들을 위하여 이 가르침을 설하셨기 때문이다."

'부처님의 세상으로 가는 최상의 길'은 '일불승一佛乘'이다.

라. 공덕을 갖추어야 그 뜻을 전할 수 있다.

> "만약 어떤 사람이 이 가르침을 받아 지녀 읽고 외우면서 널리 다른 사람들을 위하여 그 뜻을 일러 준다면, 여래께서는 이 사람들을 모두 알고 보시고 함께하시니, 이들 모두는 헤아릴 수 없고 그 끝을 알 수 없는 불가사의한 공덕을 성취할 것이니라. 이런 사람들은 여래의 '더할 나위 없이 높고도 올바른 깨달음'을 얻게 될 것이다."

"헤아릴 수 없고 그 끝을 알 수 없는 불가사의한 공덕을 성취한다.(成就等)"는 것을 게송에서는 "부처님의 세상을 다 갖추었다."라고 풀이하였다. '하담荷擔'을 무착은 "어깨에 '깨달음이란 중요한 짐'을 메는 것과 같기 때문이다."라고 하였다.

마. 樂小不堪

何以故 須菩提 若樂小法者
하이고 수보리 약요소법자

着我見 人見 衆生見 壽者見
착아견 인견 중생견 수자견

即於此經 不能 聽受讀誦 爲人解說[1]
즉어차경 불능 청수독송 위인해설

바. 所在如塔

須菩提
수보리

在在處處 若有此經 一切世間 天人 阿修羅 所應供養 當知
재재처처 약유차경 일체세간 천인 아수라 소응공양 당지

此處 即爲是塔 皆應恭敬 作禮圍遶 以諸華香 而散其處
차처 즉위시탑 개응공경 작례위요 이제화향 이산기처

---

1. 육조 스님은 이 부분에 대해 『금강경오가해』에서 다음과 같이 풀이하고 있다.
"'모든 중생과 함께 깨달음으로 가는 공부(大乘)'는 넓고 큰 지혜로 온갖 법을 잘
펼치는 것이요, '부처님의 세상으로 가는 최상승의 길'은 더러운 법을 꺼리지도
않고 깨끗한 법을 찾지도 않으며, 제도할 중생이 있다는 생각을 하지 않고 증득할
열반이 있다는 생각도 하지 않으며, 중생을 제도했다는 마음도 내지 않고 또한 중생
을 제도하지 않았다는 마음도 내지 않는 것이니, 이를 일러 '최상승最上乘'이라 하
며 또한 '모든 것을 아는 일체지一切智' '생멸이 없는 지혜 무생인無生忍' '부처님의
지혜 대반야大般若'라고도 한다."

284

마. 작은 법을 좋아하는 사람은 이 법을 감당하지 못한다.

"왜냐하면 수보리야, 작은 것에 집착하여 좁은 소견을 지닌 사람들은 '나라는 생각에 집착하고, 남이라는 생각에 집착하며, 우리 중생이라는 생각에 집착하고, 또는 이들 모두의 생명이 영원할 것이라는 생각에 집착하고 있는 것'과 같으니, 이 경의 가르침을 듣고 받아 읽고 외워서 다른 사람들을 위하여 그 뜻을 일러 줄 수 없기 때문이다."

바. 경전이 있는 곳은 부처님이 계시는 탑전과 같다.

"수보리야, 이 경전이 있는 곳은 어디든지, 온갖 세간에 있는 하늘의 신과 인간과 아수라가 이 가르침을 받들어 공양을 올릴 것이다. 마땅히 이곳을 부처님이 계시는 탑전으로 알고 공양하며 예를 올리면서 온갖 꽃과 향으로써 아름답게 장엄해야 하느니라."

사. 轉罪爲佛

復次 須菩提 善男子 善女人 受持讀誦 此經 若爲人輕賤
부차 수보리 선남자 선여인 수지독송 차경 약위인경천

是人 先世罪業 應墮惡道
시인 선세죄업 응타악도

以今世人輕賤故
이금세인경천고

先世罪業 卽爲消滅 當得阿耨多羅三藐三菩提
선세죄업 즉위소멸 당득아뇩다라삼먁삼보리

輕賤者는 總包니

於中에 或打或罵故때문이다.

隋譯에 云하되

輕賤甚輕賤이라하니

無着은 云하되

此毀辱이 有無量門故로 復云 甚輕賤이라하지만

當得菩提者는 罪滅故라하다.

사. 죄를 소멸시켜 부처님이 된다.

"또한 수보리야, 이 경을 받아 지녀 읽고 외우는 선남자 선여인
이 만약 다른 사람들에게 업신여김과 천대를 받는다면, 이 사람
은 전생에 지은 죄업으로는 지옥, 아귀, 축생계로 떨어져야 하겠
지만, 금생에 다른 사람들이 업신여기고 천대하였으므로 이 일
로 전생에 지은 죄업이 소멸되어 높고도 올바른 깨달음을 얻게
되리라."

"업신여김과 천대를 받는다.(輕賤)"에 모든 것이 포함되어 있으니,
그 중에는 때리거나 욕하는 것도 있기 때문이다.

수나라 번역에서는 "업신여기고 천대해도 아주 모질고 심하게 업
신여기고 천대하는 것이다."라고 하니, 이것에 대해 무착은 "헐뜯
고 욕하는 내용이 헤아릴 수 없으므로 다시 '아주 모질게 업신여기
고 천대한다'고 말하지만, 당연히 깨달음을 얻은 사람은 죄가 소멸
되는 것이다."라고 하였다.

아. 超事多尊 於中文二

論에 云하되 示現速證菩提法故라하다.

가) 供佛多中全具福

須菩提 我念過去 無量阿僧祇劫
수보리 아념과거 무량아승지겁

於燃燈佛前 得値 八百四千萬億 那由他諸佛
어연등불전 득치 팔백사천만억 나유타제불

悉皆供養 承事無空過者
실개공양 승사무공과자

那由他者란

十億이 爲洛叉하고

十洛叉가 爲俱胝하며

十俱胝가 爲那由他이다.

아. 수지독송하는 공덕은 많은 세존을 섬기는 일보다 더 뛰어나니, 그 내용을 두 부분에서 말한다.

논에서는 "깨달음을 빨리 증득하는 법을 보여주기 때문이다."라고 하였다.

가) 부처님을 공양하는 많은 일 가운데 완전한 복덕을 갖추었다.

> "수보리야, 내가 과거 헤아릴 수 없이 많은 세월을 생각해 보니, 불꽃처럼 빛나는 연등 부처님을 만나 뵙기 전에도, 팔백사천만 억 상상할 수도 없이 많은 부처님을 만나 그 부처님을 모두 다 공양하고 섬겼기에 헛되이 보낸 세월이 없었느니라."

나유타란 무엇인가?
십억이 한 낙차가 되고,
열 낙차가 한 구지가 되며,
열 구지가 나유타가 된다. 곧 천억이다.

나) 持經多中少分福

若復有人 於後末世 能受持讀誦 此經 所得功德
약부유인 어후말세 능수지독송 차경 소득공덕

於我所供養 諸佛功德
어아소공양 제불공덕

百分不及一 千萬億分 乃至 算數譬喩 所不能及
백분불급일 천만억분 내지 산수비유 소불능급

자. 具聞則疑

須菩提 若善男子 善女人
수보리 약선남자 선여인

於後末世 有受持讀誦 此經所得功德
어후말세 유수지독송 차경소득공덕

我若具說者 或有人聞 心卽狂亂 狐疑不信
아약구설자 혹유인문 심즉광란 호의불신

차. 總結幽邃

須菩提 當知 是經義 不可思議 果報 亦不可思議
수보리 당지 시경의 불가사의 과보 역불가사의

無著은 云하되 此는 顯示 彼福體及果 不可測量故때문이라하다.

290

나) 경을 지닌 공덕이 공양 복덕보다 많다.

> "만약 뒷날 부처님의 법이 쇠퇴할 때 어떤 사람이 이 경을 받아
> 지녀 읽고 외운다면, 이 사람이 얻는 공덕에 비해 내가 모든 부처
> 님께 공양 올린 공덕은 그 백분의 일에도 미치지 못하고, 천만억
> 분의 일에도 미치지 못하며, 더 나아가 어떤 숫자로 셈하거나
> 비유하더라도 미칠 수가 없느니라."

자. 법문을 다 갖추어 들으면 의심할 것이다.

> "수보리야, 만약 선남자 선여인이 뒷날 부처님의 법이 쇠퇴할
> 때 이 경을 받아 지녀 읽고 외워서 얻는 공덕을 내가 모두 상세히
> 말한다면, 혹 어떤 사람들은 그 말을 듣고는 이해가 안 되어 마음
> 이 몹시 어지러워 의심하며 믿지 않을 것이다."

차. 모든 것이 깊고 깊은 뜻이라고 매듭짓는다.

> "수보리야, 마땅히 알아야 한다. 이 경의 뜻은 불가사의하며, 그
> 과보 또한 불가사의한 것이니라."

무착은 "이것은 저 복의 바탕과 그 과보를 측량할 수 있는 것이 아님
을 드러내어 보여주기 때문이다."라고 하였다.

11. 斷住修降伏我疑 斷之文二

佛이 敎我住修降伏하며

兼不住前十重疑執過患케하다.

若無我者라면

誰人受敎하고 誰人住修하며

誰人如此離過 云云이오.

亦云 除微細執故때문이다.

偈에 云하되

於內心修行에서 存我爲菩薩하면

此卽障於心이니 違於不住道라하다.

1) 問

爾時 須菩提 白佛言 世尊 善男子 善女人 發阿耨多羅三藐
이시 수보리 백불언 세존 선남자 선여인 발아뇩다라삼먁

三 菩提心 云何應住 云何降伏其心
삼 보리심 운하응주 운하항복기심

11. 살아가며 수행하고 마음 다스리는 것도 '나'가 아닌가

_ 이 의심을 끊어주니, 이 의심을 끊는 글에 두 부분이 있다.

수보리가 "부처님께서 나에게 '살아가며 수행하고 마음 다스리는 것(住修降伏)'을 가르치시며 앞서 말한 열 가지 깊은 의심에 집착하여 일으킨 지난날의 허물에 머무르지 않게 하셨다. 그런데 만약 '나'가 없는 것이라면 누가 이 가르침을 받고, 누가 살아가며 수행하고, 누가 이처럼 허물을 벗어날 것인가? 또한 미세한 집착을 누가 제거할 것인가?"라고 의심하고 있기 때문이다.

게송에서

"마음 닦는 수행에서 내가 보살이라 생각하면 이는 마음에 장애가 생기니 집착이 없는 도의 이치에 어긋난다."라고 하였다.

1) 묻는 내용이다.

> 그때 장로 수보리가 부처님께 사뢰어 물었다.
> "세존이시여, '더할 나위 없이 높고도 올바른 깨달음'을 얻고자 마음을 낸 선남자 선여인은 어떻게 살아야 하며 어떻게 마음을 다스려야 합니까?"

2) 答文三

(1) 若名菩薩 必無我

> 佛告 須菩提
> 불고 수보리
>
> 若善男子 善女人 發阿耨多羅三藐三菩提心者
> 약선남자 선여인 발아뇩다라삼먁삼보리심자
>
> 當生如是心 我應滅度 一切衆生
> 당생여시심 아응멸도 일체중생
>
> 滅度一切衆生已 而無有一衆生 實滅度者
> 멸도일체중생이 이무유일중생 실멸도자

(2) 若有我相 非菩薩

> 何以故 須菩提
> 하이고 수보리
>
> 若菩薩 有我相 人相 衆生相 壽者相 卽非菩薩
> 약보살 유아상 인상 중생상 수자상 즉비보살

(3) 能所俱寂 是菩提

> 所以者何 須菩提 實無有法 發阿耨多羅三藐三菩提心者
> 소이자하 수보리 실무유법 발아뇩다라삼먁삼보리심자

2) 답하는 내용이니 세 가지가 있다.

(1) 보살이라 하면 반드시 '나'라는 집착이 없어야 한다.

> 부처님께서 장로 수보리에게 일러 말씀하셨다.
> "만약 선남자 선여인이 '더할 나위 없이 높고도 올바른 깨달음'
> 을 얻고자 한다면 이와 같은 마음을 내야 하니, '나는 온갖 중생을
> 남김없이 제도해야 하지만, 모든 중생을 남김없이 제도하고 나
> 면 실로 제도한 중생은 하나도 없다'는 마음을 내어야 한다."

(2) 나라는 모습에 집착이 있다면 보살이 아니다.

> "무엇 때문이겠느냐, 수보리야.
> 만약 보살이 '나라는 모습에 집착하고, 남이라는 모습에 집착하
> 며, 나와 남들이 어울려 생겨나는 우리 중생이라는 모습에 집착
> 하고, 또는 이들 모두의 생명이 영원할 것이라는 모습에 집착하
> 는 것'이라면 이는 보살이 아니기 때문이니"

(3) 능소能所가 다 사라진 고요함이 깨달음이다.

> "왜냐하면 수보리야, 실로 '깨달음을 얻게 할 법'이란 없기 때문
> 이다."

12. 斷佛因是有菩薩疑 斷之文四

論에 云하되

若無菩薩이면

云何釋迦如來 於然燈佛所에서 行菩薩行고하다.

1) 擧疑處

> 須菩提 於意云何
> 수보리 어의운하
>
> 如來 於燃燈佛所 有法 得阿耨多羅三藐三菩提不
> 여래 어연등불소 유법 득아뇩다라삼먁삼보리부

降怨王이

請然燈佛入城할때

城中長幼 盡迎하는데

路泥라.

善慧가 布髮하자 佛與授記하다.

故로 擧此問이다.

12. **부처님이 될 인연에 보살이 있지 않았는가**

＿ 이 의심을 끊어주니, 이 의심을 끊는 글에 네 부분이 있다.

논에서

"보살이 없었다면 어떻게 석가모니 부처님이 불꽃처럼 빛나는 연등 부처님 처소에서 보살행을 실천했겠는가?"라고 하였다.

1) 의심하는 곳을 지적한다.

> "수보리야, 그대는 어떻게 생각하느냐? 여래께서 불꽃처럼 빛나는 연등 부처님 처소에 계실 때에 '올바른 깨달음이란 법'을 얻은 것이 있겠느냐?"

항원왕이 불꽃처럼 빛나는 연등 부처님을 성으로 초청하였을 때 성안의 남녀노소 할 것 없이 모든 사람들이 연등 부처님을 맞이하는데 길이 젖어 질퍽거렸다. 그때 선혜 선인이 부처님의 발이 진흙탕에 젖지 않게 하려고 긴 머리를 풀어 땅에 깔아드렸다. 그러자 부처님께서 선혜 선인에게 수기를 주셨는데, 이런 사실을 예로 들어 물은 것이다.

2) 斷疑念

> 不也世尊 如我解 佛所說義
> 불야 세존 여아해 불소설의
>
> 佛 於燃燈佛所 無有法 得阿耨多羅三藐三菩提
> 불 어연등불소 무유법 득아뇩다라삼막삼보리

善慧 彼時

都無所得이어 離諸分別이니 由無法故로 得記이다.

若有法者라면 是有相心이니

不順菩提이기에 佛不與記이다.

3) 印決定

> 佛言 如是如是 須菩提 實無有法 如來 得阿耨多羅三藐三
> 불언 여시여시 수보리 실무유법 여래 득아뇩다라삼막삼
>
> 菩提
> 보리

2) 의심하는 생각을 끊는다.

> "아닙니다, 세존이시여. 제가 부처님께서 말씀하신 뜻을 이해
> 하기로는 부처님께서 불꽃처럼 빛나는 연등 부처님의 처소에
> 서 '올바른 깨달음이란 법'을 얻은 것이 없습니다."

선혜 선인이 그때 조금도 얻은 바가 없어 온갖 분별을 떠나니, 어떤 법도 없음으로 말미암아 수기를 받았다. 만약 어떤 법이 있는 것이라면 집착이 있는 마음이니 깨달음에 수순하지 않기에 부처님께서 수기를 주지 않았을 것이다.

3) 판단한 내용을 인정한다.

> "맞다, 맞는 소리이다."
> "수보리야, 실로 어떤 법이 있어 여래께서 '더할 나위 없이 높고
> 도 올바른 깨달음'을 얻은 것이 아니니라."

論에 云하되

我於彼時 所修諸行에서 無有一法이기에 得阿耨菩提라하다.

功德施論에서 引佛說云하다.

若見於佛이면 卽見自身이요

見身淸淨이면 見一切淸淨이며

見淸淨智도 亦復淸淨이니

是名見佛이라.

我如是見然燈如來하고 得無生忍하여

一切智智 明了現前하기에 卽得授記하니

是授記聲 不至於耳라.

亦非餘智之所能知이다.

我於此時 亦非惛瞢無覺이기에

然無所得이라하다.

300

논에 "내가 그때 닦은 온갖 수행에서 한 법도 얻은 것이 없었기에 깨달음을 얻었다."라고 하였다.

『공덕시론』에서 부처님의 말씀을 인용하여 말하였다.

"부처님을 볼 수 있다면 곧 자신을 보는 것이다.
자신의 맑고 깨끗함을 보면 모든 것이 맑고 청정함을 볼 수 있으며
맑고 깨끗한 지혜를 보는 것도 또한 맑고 깨끗하니
이를 일러 부처님을 보는 것이라고 한다.
내가 이와 같은 연등 부처님을 보고 무생법인을 얻어
모든 것을 아는 지혜가 눈앞에 분명하기에 곧 수기를 받으니
수기하는 소리가 귀에 들리지 않았다.
이 수기는 또한 다른 사람의 지혜로 알 수 있는 것이 아니다.
내가 그때 깨달음이 없는 어리석은 자가 아니었기에
조금도 얻은 바가 없다."

4) 反覆釋

須菩提 若有法 如來 得阿耨多羅三藐三菩提者
수보리 약유법 여래 득아뇩다라삼먁삼보리자

燃燈佛 卽不與我授記 汝於來世 當得作佛 號釋迦牟尼
연등불 즉불여아수기 여어내세 당득작불 호석가모니

以實無有法 得阿耨多羅三藐三菩提
이실무유법 득아뇩다라삼먁삼보리

是故 燃燈佛 與我授記
시고 연등불 여아수기

作是言 汝於來世 當得作佛 號釋迦牟尼
작시언 여어내세 당득작불 호석가모니

無著은 云하되

若正覺法可說이 如彼然燈所說者이라면

我於彼時에 便得正覺이기에

然燈 則不與我授記하며 言하되 來世當得이리라.

以法不可說故로

我於彼時 不得正覺이니

是故로 記言 來世當得이라하다.

302

4) 인정한 뜻을 되풀이하다.

"수보리야, 만약 여래께서 '더할 나위 없이 높고도 올바른 깨달음'을 어떤 실체가 있는 법으로써 얻은 것이라면, 불꽃처럼 빛나는 연등 부처님께서 나에게 '그대는 오는 세상에 부처님이 되어 석가모니라 불릴 것이다'라는 수기를 주시지 않았을 것이다. 실로 얻을 '더할 나위 없이 높고도 올바른 깨달음'이란 어떤 법도 없는 것이니, 이런 까닭에 불꽃처럼 빛나는 연등 부처님께서 나에게 '그대는 오는 세상에 부처님이 되어 석가모니라 불릴 것이다' 말씀하시면서 수기를 주신 것이다."

무착은 말하였다.

"만약 '올바른 깨달음(正覺)'으로서 설할만한 법이 저 연등 부처님이 말씀하신 법과 같은 것이라면 나는 그때 바로 올바른 깨달음을 얻고 있는 것이기에 연등 부처님이 나에게 수기를 주며 '오는 세상에 깨달음을 얻으리라.' 말하지 않았을 것이다.

깨달은 법은 설할 수 있는 것이 아니므로, 내가 그때 올바른 깨달음을 얻을 수 없으니, 이 때문에 수기하여 '오는 세상에 깨달음을 얻으리라.' 말씀하신 것이다."

13. 斷無因則無佛法疑 斷之文三

論에 云하되 若無菩薩이면 卽無諸佛如來라하여

有如是謗으로 謂一向無佛이라하기에

爲斷此疑故로 云하되 如來者 卽是眞如라하다.

1) 斷一向無佛 於中文二

(1) 顯眞如是佛故非無

何以故 如來者 卽諸法如義
하이고 여래자 즉제법여의

無著은 云하되

眞如淸淨이므로 故名如來라하니 猶如眞金이라하다.

304

13. **보살의 인因이 없다면 부처님도 법도 없는 것이 아닌가**

_ 이 의심을 끊어주니, 이 의심을 끊는 글에 세 부분이 있다.

논에 "보살이 없다면 모든 부처님도 없다 하여, 이와 같은 비방으로 한결같이 '부처님이 없다'고 말하기에, 이 의심을 끊기 위하여 '여래란 곧 진여'라 말하는 것이다."라고 하였다.

1) 한결같이 '부처님이 없다'고 하는 의심을 끊어주니 글에 두 가지가 있다.

(1) '진여가 부처님'이므로 없는 것이 아님을 드러낸다

> "왜냐하면 여래란 곧 모든 것이 모자라거나 남음이 없이 있는 그대로 여여如如하다는 뜻이기 때문이다."

무착은 "진여는 맑고 깨끗하므로 이를 일러 여래라 하니 마치 순금과 같다."라고 하였다.

(2) 明佛卽菩提故無得

若有人言 如來 得阿耨多羅三藐三菩提
약 유 인 언 여래 득 아 뇩 다 라 삼 막 삼 보 리

須菩提 實無有法 佛得阿耨多羅三藐三菩提
수 보 리 실 무 유 법 불 득 아 뇩 다 라 삼 막 삼 보 리

先標錯解이니 魏에 云하되

若有人이 言 如來得阿耨菩提者라하면 是人은 不實語라하다.

後釋正見이니 偈에 云하되 菩提는 彼行等이라하니

謂等前菩薩行無得也이다.

無着은 云하되

或謂 然燈佛所에는 於法不得正覺하고

世尊이 後時 自得正覺이라하니

爲離此取故로 云하되 若人言等이라하다.

2) 斷一向無法疑 於中文二

(1) 遣執遮疑

論에 云하되

有人이 謗言하여 若無因行則 如來 不得阿耨菩提라하므로

爲斷此疑故로 云하되 如來所得等이라하다.

306

(2) '부처님이 곧 깨달음'이므로 얻는 것이 아님을 밝히다.

> "만약 어떤 사람이 '여래께서 더할 나위 없이 높고도 올바른 깨달
> 음을 얻었다'고 말하여도, 수보리야, 실로 부처님께서 얻은 깨달
> 음이라고 할 어떤 법도 없느니라."

먼저 잘못 이해한 내용을 드러내니, 위나라 번역에서 "만약 어떤
사람이 여래께서 깨달음을 얻었다 말한다면, 이 사람의 말은 진실
한 말이 아니다."라고 하였다. 뒷부분에는 올바른 견해를 풀이하
니, 게송에서 "깨달음은 저 보살행과 같다."라고 하였다. 이는 '앞서
말한 보살행처럼 얻은 바가 없음'을 말하는 것이다.

무착은 "혹 어떤 이가 '연등 부처님 처소에서는 정각正覺을 얻지
못하고 세존께서 뒤에 스스로 정각을 얻었다'고 하니, 이러한 집착
을 떠나기 위해 이 단락을 말한 것이다."라고 하였다.

2) 한결같이 '법이 없다' 하는 의심을 끊으니 글에 두 가지가 있다.

(1) 집착을 버려 의심을 막는다.

논에서 "어떤 사람이 비방하여 '만약 인행因行이 없으면 여래는 깨
달음을 얻을 수 없다.' 말하므로, 이런 의심을 끊어주기 위해 아래
단락을 말한 것이다."라고 하였다.

須菩提 如來所得 阿耨多羅三藐三菩提 於是中 無實無虛
수보리 여래소득 아뇩다라삼먁삼보리 어시중 무실무허

論에 云하되

無色等相故이며 彼卽菩提相故라하고

無着은 云하되

顯眞如無二故며 謂言說故니

謂彼正覺이 不無世間言說故때문이라하다.

(2) 釋義斷疑

是故 如來說 一切法 皆是佛法
시고 여래설 일체법 개시불법

須菩提 所言一切法者 卽非一切法 是故 名一切法
수보리 소언일체법자 즉비일체법 시고 명일체법

論에 云하되

一切法이 皆眞如體일새 故皆佛法이라하다.

卽非者는 由色等法이 卽眞如故로 卽非色等法이니

眞如는 常無色等諸相故요

是名者는 卽是眞如法自性矣니라.

308

"수보리야, 여래께서 얻은 '더할 나위 없이 높고도 올바른 깨달음'은 참된 것도 아니요, 헛된 것도 아니다."

논에서 "나타난 모습의 실체가 없기 때문이며, 그것이 곧 깨달음의 모습이기 때문이다." 하고,

무착은 "진여에 두 가지가 없음을 드러내니, 언설을 말한 것이며, 정각에 세간의 언설이 없지 않음을 말한 것이다."라고 하였다.

(2) 뜻을 풀이하여 의심을 끊는다.

"이런 까닭에 여래께서는 모든 법이 다 부처님의 법이라고 하느니라. 수보리야, 모든 법은 곧 모두 실체가 있는 법이 아니므로, 이를 일러 모든 법이라 한다."

논에서 "온갖 법이 모두 진여의 바탕이니 그러므로 다 불법佛法이다. '실체가 있는 법이 아니다(卽非)'는, 나타난 모습들이 곧 진여이므로, '나타난 모습으로서의 법이 아니라는 것'이다. 진여는 늘 색色 등의 온갖 모습이 없기 때문이다. '이를 일러(是名)'는 곧 '진여의 법자성'을 말한다."라고 하였다.

3) 顯眞佛眞法體

偈에 云하되

依彼法身佛 故說大身喩하다.

身離一切障하여 及偏一切境하며

功德及大體이므로 故卽說大身이다.

非身卽是身이니 是故說大身이라하다.

論에 云하되

非身者 無有諸相故때문이요

大身者 有眞如體故때문이라하다.

無着은 云하되 攝一切衆生 大身故로

於彼身中에 安立非自非他故라하다.

310

3) 참다운 부처님과 법의 바탕을 나타낸다.

> "수보리야, 비유하면 사람의 몸이 참으로 큰 것과 같으니라."
> 장로 수보리가 부처님께 사뢰어 말하였다.
> "세존이시여, 여래께서 사람의 몸이 참으로 크다고 말씀하시는
> 것은, 곧 어떤 실물로 나타나는 큰 몸이 아니기 때문에, 이를 일러
> 큰 몸이라 하는 것입니다."

게송에서 "법신불을 의지하니 그러므로 큰 몸의 비유를 말한다.
그 몸은 온갖 장애를 벗어나 온갖 경계에 두루 있으며 공덕이자 큰
바탕이므로 큰 몸이라 말한 것이다. '실물로 나타나는 몸이 아닌
것(非身)'이 곧 이 몸이니, 이 때문에 큰 몸이라 말한 것이다."라고
하였다.

논에서 "실물로 나타나는 몸이 아니라는 것은 어떤 모습도 없기
때문이요, 큰 몸이라는 것은 진여의 바탕이 있기 때문이다."라고
하였다.

무착은 "온갖 중생을 다 거두는 큰 몸이므로, 그 몸에서 자신도 아니
요, 남도 아닌 도리를 세운다."라고 하였다.

14. 斷無人度生嚴土疑 斷之文三

論에 云하되

若無菩薩者이면 諸佛도 亦不成菩提이고

衆生도 亦不入涅槃이라 亦無淸淨佛土인데

何故로 諸菩薩이 發心하여

欲令衆生 入涅槃케하며 起心修行하여 淸淨佛土케하오하다.

1) 遮度生念 文三

(1) 明失念

須菩提 菩薩 亦如是
수보리 보살 역여시

若作是言 我當滅度 無量衆生 卽不名菩薩
약 작 시 언 아 당 멸 도 무 량 중 생 즉 불 명 보 살

偈에 云하되

不達眞法界이기에 起度衆生意

及淸淨國土하나니 生心卽是倒라하다.

14. 사람이 없다면 누가 중생을 제도하고 불국토를 장엄하는가

_ 이 의심을 끊어주니, 이 글에 세 부분이 있다.

논에서 "만약 보살이 없다면 모든 부처님도 깨달음을 이루지 못할 것이고, 중생 역시 열반에 들지 못할 것이다. 또한 맑고 깨끗한 부처님의 국토도 없을 것인데, 왜 모든 보살이 발심하여 중생들을 열반에 들게 하려하며, 수행할 마음을 내어 부처님의 국토를 맑고 깨끗하게 하려하는가?"라고 의심하였다.

1) 중생을 제도한다는 생각을 막으니, 이 글에 세 가지가 있다.

(1) 잘못된 생각을 밝히다.

> "수보리야, 보살 또한 이와 같아서 만약 '내가 헤아릴 수 없이 많은 중생들을 남김없이 제도하리라' 말한다면, 곧 이는 보살이라 할 수 없다."

게송에서

"참법계를 통달하지 못했기에, 중생을 제도하겠다는 마음과 국토를 맑고 깨끗하게 한다는 마음을 내니, 이런 마음을 내는 것이 곧 잘못된 생각이니라."라고 말하였다.

(2) 明無人

何以故 須菩提 實無有法 名爲菩薩
하이고 수보리 실무유법 명위보살

無法名菩薩이니

豈有我度衆生이오.

(3) 引前說

是故 佛說
시고 불설

一切法 無我 無人 無衆生 無壽者
일체법 무아 무인 무중생 무수자

2) 遮嚴土念 於中文二

(1) 明失念

須菩提 若菩薩 作是言 我當 莊嚴佛土 是不名菩薩
수보리 약보살 작시언 아당 장엄불토 시불명보살

(2) 보살이라 할 어떤 사람도 없음을 밝히다.

> "왜냐하면 수보리야, 실로 보살이라고 할 어떤 법도 없기 때문에
> 이를 일러 보살이라 한다."

보살이라 할 어떤 법도 없으니,
어찌 내가 중생을 제도함이 있으리오

(3) 앞에서 말한 내용을 인용한다.

> "이런 까닭에 부처님께서는 '모든 법에는 나라고 집착할 것이
> 없고, 남이라고 집착할 것이 없으며, 나와 남들이 어울려 생겨나
> 는 우리 중생이라고 집착할 것이 없고, 이들 모두의 생명이 영원
> 할 것이라고 집착할 것이 없다'라고 말씀하신다."

2) 국토를 장엄한다는 생각을 막으니, 이 글에 두 가지가 있다.

(1) 잘못된 생각을 막는다.

> "수보리야, 보살이 만약 '내가 부처님의 국토를 장엄하리라' 말
> 한다면 이를 일러 보살이라 할 수 없다."

(2) 釋所以

何以故 如來說 莊嚴佛土者 卽非莊嚴 是名莊嚴
하이고 여래설 장엄불토자 즉비장엄 시명장엄

(3) 釋成菩薩

須菩提
수보리

若菩薩 通達無我法者 如來說名 眞是菩薩¹
약보살 통달무아법자 여래설명 진시보살

論에 云하되 若起度生嚴土心이면 卽是顚倒라.

非菩薩者이면 起何等心하여야 名爲菩薩고하다.

故로 經에 言通達等이라하다.

無着은 云하되 謂 人無我 法無我라하다.

---

1. 이 부분에 대해서 육조 스님은 『금강경오가해』에서 다음과 같이 풀이하였다. "모든 법에서 걸림이 없는 것 이를 일러 통달이라 하고, '법을 알았다는 마음을 내지 않는 것' 이를 일러 '무아법'이라고 한다. '법을 알았다는 마음을 내지 않는 것'이 여래께서 말하는 참다운 보살이다. 자신의 역량에 따라 보살행을 실천하는 것 또한 보살이라 할 수 있지만 아직 참다운 보살은 아니다. 앎과 행이 오롯해져 '나와 남이라는 온갖 분별'이 다 없어져야 비로소 참다운 보살이라 부를 수 있다."

(2) 그 이유를 풀이한다.

> "왜냐하면 여래께서 '부처님의 국토를 장엄하리라' 말씀하신
> 것은 곧 어떤 실물로 장엄하는 것이 아니므로 이를 일러 장엄이
> 라 하기 때문이다."

(3) 참다운 보살이 된 것을 풀이한다.

> "수보리야, 만약 보살이 '고정된 나라는 실체가 없어 집착할 어
> 떤 법도 없다'라는 이치에 통달하였다면, 여래께서는 이를 일러
> 참다운 보살이라고 말씀하시느니라."

논에서 "중생을 제도하고 부처님의 국토를 장엄한다는 마음을 일
으키면 잘못된 생각이다. 이러한 마음을 일으키는 것이 보살이 아
니라면 어떤 마음을 일으켜야 보살이라 하는가?"라고 물었다.

그러므로 이 경에서 "'고정된 나라는 실체가 없어(人無我) 집착할 어
떤 법도 없다(法無我)'라는 이치를 통달해야 한다."라고 답하였다.

이를 무착은 "인무아人無我, 법무아法無我라 한다."라고 하였다.

15. 斷諸佛不見諸法疑 斷之文二

論에 云하되

前說 菩薩이 不見彼是衆生하고

不見我爲菩薩하며 不見淸淨國土라하니

若如是則 諸佛 不見諸法이오하다.

1) 約能見五眼 明見淨 於中又三

(1) 以偈總標

偈에 云하되

雖不見諸法이더라도

非無了境眼이니

諸佛五種實로

以見彼顚倒라하다.

15. 모든 부처님께서 온갖 법을 보지 못하는 것이 아닌가

_ 이 의심을 끊어주니, 글에 두 부분이 있다.

논에서 "앞에서 보살은 중생이 중생임을 보지 않고, 자신이 보살임을 보지 않으며, 부처님의 청정국토를 보지 않는다고 말하니, 만약 이와 같은 것이라면 모든 부처님께서 온갖 법을 보지못하는 것이 아닌가?"라고 의심하였다.

1) 볼 수 있는 다섯 눈으로 봄이 청정함을 밝히니 글에 세 가지가 있다.
⑴ 게송으로 전체 내용을 드러내다.
게송으로 말한다.

"비록 온갖 법을 보지 않더라도
경계를 아는 눈이 없지는 않으니
모든 부처님은 다섯 가지 실다운 눈으로
중생의 잘못된 생각을 낱낱이 보시니라."

(2) 約經別釋 於中文五

가. 肉眼

須菩提 於意云何 如來 有肉眼不
수보리 어의운하 여래 유육안부

如是 世尊 如來 有肉眼
여시 세존 여래 유육안

肉團¹中에 有淸淨色이니

見障內色을 名爲肉眼이라하다.

佛具諸根이므로 故有肉眼이다.

나. 天眼

須菩提 於意云何 如來 有天眼不
수보리 어의운하 여래 유천안부

如是 世尊 如來 有天眼
여시 세존 여래 유천안

於肉眼邊에 引淨天眼하여 見障外色이다.

---

1. 사대로 이루어진 것을 육肉이라고 하며 청정한 안근이 육체에 의지하여 있는 것을
육단肉團이라 한다. 육체에 의지한 눈이라 해서 육안이라고 한다.『금강경간정기』
참조.

(2) 경에서 하나하나 따로 풀이하니 글에 다섯 가지가 있다.

가. 육안

> "수보리야, 그대는 어떻게 생각하느냐?
> 여래에게 '육신의 눈'이 있겠느냐?"
> "그렇습니다, 세존이시여.
> 여래에게는 '육신의 눈'이 있습니다."

육신 가운데 맑고 깨끗한 빛을 볼 수 있는 것이 있으니 육신에 의지해 맑고 깨끗한 빛을 보는 것, 이를 일러 '육안'이라 한다. 부처님은 육근을 다 갖추었으므로 '육신의 눈'이 있다.

나. 천안

> "수보리야, 그대는 어떻게 생각하느냐?
> 여래에게 '하늘의 눈'이 있겠느냐?"
> "그렇습니다, 세존이시여.
> 여래에게는 '하늘의 눈'이 있습니다."

육안에서 삿된 생각이 없는 깨끗한 천안을 이끌어 육안으로 볼 수 없는 맑고 깨끗한 빛을 보는 것이다.

依大般若하면 說하되

佛은 肉眼으로 能見人中無數世界하니 不唯障內이다.

若佛天眼이라면 能見諸天所有細色이다.

除見天外 見人等事를 名肉眼矣이라하다.

淨名에 云하되

唯佛世尊만 得眞天眼이어 照見恒沙佛土하니 不以二相이라하다.

다. 慧眼

須菩提 於意云何
수보리 어의운하

如來 有慧眼
여래 유혜안

如是 世尊 如來 有慧眼
여시 세존 여래 유혜안

以根本智로 照眞理故때문이다.

322

『대반야경』에 의하면 "부처님은 육안으로 인간의 무수한 세계를 볼 수 있으니, 육안으로 볼 수 있는 맑고 깨끗한 빛만 보는 것이 아니다. 만약 부처님의 천안이라면 모든 하늘에 있는 가느다란 빛까지도 볼 수 있다. 하늘의 빛을 보는 것 이외 사람의 일을 보는 것, 이를 일러 육안이라 한다."라고 하였다.

『정명경』에서 "오직 불세존께서만 참다운 천안을 얻어 항하사 불국토를 비추어 보니, 다른 모습이 아닌 맑은 빛으로서 똑같은 모습이었다."라고 하였다.

다. 혜안

> "수보리야, 그대는 어떻게 생각하느냐?
> 여래에게 '지혜의 눈'이 있겠느냐?"
> "그렇습니다, 세존이시여.
> 여래에게는 '지혜의 눈'이 있습니다."

근본지로 참다운 이치를 비추어 보기 때문이다.

라. 法眼

須菩提 於意云何 如來 有法眼不 如是 世尊 如來 有法眼
수보리 어의운하 여래 유법안부 여시 세존 여래 유법안

後得智로 說法度人하다.

마. 佛眼

須菩提 於意云何 如來 有佛眼不 如是 世尊 如來 有佛眼
수보리 어의운하 여래 유불안부 여시 세존 여래 유불안

前四在佛이기에 總名佛眼이라하다.
又 見佛性圓極을 名爲佛眼이라하다.

(3) 以論總釋

無着은 云하되

爲令知見淨勝故로 顯示有五種眼이다.

略說하면 有四種이니

謂色攝 第一義諦攝 世諦攝 一切種一切攝[1]이라하다.

---

1. '색섭'은 천안과 육안을 말하고, '제일의제섭'은 혜안을 말하며, '세제섭'은 법안을 말한다. '일체종일체섭'은 불안을 말한다.

> "수보리야, 그대는 어떻게 생각하느냐?
>
> 여래에게 '법의 눈'이 있겠느냐?"
>
> "그렇습니다, 세존이시여. 여래에게는 '법의 눈'이 있습니다."

후득지로 법을 설하고 중생을 제도하는 것이다.

마. 불안

> "수보리야, 그대는 어떻게 생각하느냐?
>
> 여래에게 '부처님의 눈'이 있겠느냐?"
>
> "그렇습니다, 세존이시여. 여래에게는 '부처님의 눈'이 있습니다."

앞의 네 가지 눈이 부처님께 있기에 이 모든 것을 일러 '불안佛眼'이라 한다. 또 불성의 오롯함을 사무쳐 아는 것, 이를 일러 '불안'이라 한다.

(3) 논으로 모든 내용을 함께 풀이한다.

무착은 "견見이 맑고 뛰어난 것임을 알게 하기 위하여 다섯 가지 눈을 드러내보였다. 간략하게 말하자면 네 가지가 있으니, 색섭·제일의제섭·세제섭·일체종일체섭을 말한다."라고 하였다.

2) 約所知諸心 明知淨 於中文五

(1) 約一箇恒河 以數沙

須菩提 於意云何 如恒河中所有沙 佛說 是沙不
수보리 어의운하 여항하중소유사 불설 시사부

如是 世尊 如來說 是沙
여시 세존 여래설 시사

(2) 約一河中沙 以數河

須菩提 於意云何
수보리 어의운하

如一恒河中 所有沙有 如是沙等恒河
여 일항하중 소유사유 여시사등항하

(3) 約多河中沙 以數界

是諸恒河 所有沙數 佛世界 如是 寧爲多不
시제항하 소유사수 불세계 여시 영위다부

甚多 世尊
심다 세존

326

2) 온갖 마음을 아는 '앎'이 맑고 깨끗함을 밝히니 글에 다섯 가지가 있다.

(1) 갠지스 강 하나를 기준하여 그 안의 모래알 수를 센다.

"수보리야, 그대는 어떻게 생각하느냐? 저 갠지스 강에 있는 모
든 모래알에 대해 부처님께서 말씀하신 적이 있었느냐?"
"그렇습니다, 세존이시여. 여래께서는 저 갠지스 강에 있는 모
래알에 대해 말씀하신 적이 있습니다."

(2) 강 하나의 모래알 수만큼 많은 강을 헤아려 본다.

"수보리야, 그대는 어떻게 생각하느냐? 저 갠지스 강에 있는 모
든 모래알 수만큼 많은 갠지스 강이 있고"

(3) 모든 강의 모래알 수를 기준하여 부처님의 세계를 헤아려 본다.

"또 그 모든 갠지스 강에 있는 모든 모래알 수만큼 많은 부처님의
세계가 있다면 이를 많다고 할 수 있겠느냐?"
"세존이시여, 참으로 많습니다."

(4) 約爾所界中所有生

佛告 須菩提 爾所國土中 所有衆生
불고 수보리 이소국토중 소유중생

(5) 約一一衆生所有心 於中文三

가. 總明染淨 以標悉知

若干種心 如來悉知
약간종심 여래실지

無着은 云하되

若干種者는 有二種이라.

謂染及淨이니 卽共欲心 離欲心等이라하다.

나. 會妄歸眞 以釋悉知

何以故 如來說 諸心 皆爲非心 是名爲心
하이고 여래설 제심 개위비심 시명위심

(4) 그 부처님 세계 가운데에 있는 모든 중생을 기준 삼는다.

> 부처님께서 장로 수보리에게 일러 말씀하셨다.
> "저 국토 가운데 있는 모든 중생의"

(5) 낱낱 중생의 온갖 마음을 기준 삼으니 글에 세 가지가 있다.

가. 오염되거나 정화된 마음을 밝혀 '모두 앎'을 드러내다.

> "마음 하나하나를 여래께서는 낱낱이 다 아신다."

무착은 "'마음 하나하나(若干種)'라고 표현한 것에는 두 가지가 있다. 오염된 마음과 정화된 마음을 말하니, 곧 욕심이 가득한 마음과 욕심을 떠난 마음이다."라고 하였다.

나. 허망함을 알아 진실로 돌아가 '모두 앎'을 풀이한다.

> "왜냐하면 여래께서 말씀하신 온갖 마음은 모두 실체가 있는
> 마음이 아니므로, 이를 일러 마음이라 하기 때문이다."

大雲은 云하되

由一切妄心 依眞如體함으로 都無其性이다.

佛證眞如故로 悉知之이다.

諸心者는 標指요 非心者는 妄識本空이라

是名心者는 眞心不滅이라하다.

若本論釋이면 則與此殊하니 偈에 云하되

種種顚倒識은 以離於實念때문이니

不住彼實智하므로 是故說顚倒라하다.

다. 推破妄染 以釋非心

所以者何 須菩提
소 이 자 하 수 보 리

過去心不可得 現在心不可得 未來心不可得
과 거 심 불 가 득 현 재 심 불 가 득 미 래 심 불 가 득

無着은 云하되

過去는 已滅故며 未來는 未有故며 現在는 第一義[1]故라하다.

---

1. '제일의'는 범어 'paramārtha'의 한역이다. 가장 뛰어난 이치, 궁극적인 이치이며 근본 뜻이다. 모든 현상의 있는 그대로 참모습, 열반이라는 뜻도 있다. 이 진리는 모든 법 가운데 제일이라는 뜻이다.

대운은 "온갖 허망한 마음은 진여의 바탕에 의지하기에 자신의 성품이라고 할 그 어떤 것도 없으며, 부처님은 진여를 증득하였으므로 이를 다 아는 것이다. '온갖 마음(諸心)'은 중생의 마음을 드러낸 것이요, '실체가 있는 마음이 아닌 것(非心)'은 허망한 알음알이가 본디 '공空'임을 말한다. '이를 일러 마음이라 한다(是名心)'는 것은 참마음이 멸하지 않는다는 것을 말한다."라고 하였다.

논에서 풀이한 내용이라면 이것과 다르니, 게송에서 "여러 가지 잘못된 알음알이는 진실한 생각을 떠났기 때문이니, 저 참다운 지혜에 머물지 않으므로 이 때문에 잘못된 것이라 말한다."라고 하였다.

다. 오염된 마음을 타파하여 '실체 있는 마음이 아님(非心)'을 풀이한다.

> "왜 그런가 하면 수보리야, 지나간 마음은 이미 없어져 얻을 수 없고, 현재의 마음은 잠시도 머물지 않아 얻을 수 없으며, 미래의 마음은 아직 오지를 않아 얻을 수 없기 때문이니라."

무착은 "과거는 이미 사라졌고 미래는 아직 오지 않았으며 현재의 마음도 그 실체가 없는 제일의第一義이기 때문이다."라고 하였다.

16. 斷福德例心顚倒疑 斷之文二

論에 云하되

向說 心住顚倒이므로 皆不可得이라하니

若如是라면

福德 亦是顚倒인데 何名善法이리오.

1) 問福答福

須菩提 於意云何 若有人 滿三千大千世界七寶 以用布施
수보리 어의운하 약유인 만삼천대천세계칠보 이용보시

是人 以是因緣 得福多不
시인 이시인연 득복다부

如是 世尊 此人 以是因緣 得福甚多
여시 세존 차인 이시인연 득복심다

以是離相 無倒行施因緣으로 成無漏福이다.

離於二障이니

旣非顚倒이므로 故得福多이다.

16. 복덕을 마음에 두고 있으면 뒤바뀐 생각이 아닌가

_ 이 의심을 끊어주니, 글에 두 부분이 있다

논에서 "앞에서 말하기를 마음이 뒤바뀐 생각에 머무르면 그 어떤 것도 얻을 수 없다고 하였으니, 만약 이렇다면 복덕도 뒤바뀐 생각인데 어찌 좋은 법이라고 할 수 있는가?"라고 의심한다.

1) 복덕을 물으니 복덕으로 답한다.

"수보리야, 그대는 어떻게 생각하느냐? 만약 어떤 사람이 있어 삼천대천세계를 일곱 가지 보배로 가득 채워 다른 사람들에게 베푼다면 이 사람은 그 인연으로 얻게 되는 복덕이 많겠느냐?"
"그렇습니다, 세존이시여. 이 사람은 그 인연으로 얻게 되는 복덕이 참으로 많습니다."

집착을 떠나 잘못된 생각 없이 보시를 실천하는 인연으로 '무루복'을 얻게 된다. 두 가지 장애를 벗어나 이미 전도된 생각이 아니므로 많은 복덕을 얻게 된다.

2) 反釋順釋

須菩提 若福德有實 如來 不說 得福德多
수보리 약복덕유실 여래 불설 득복덕다

以福德 無故 如來說 得福德多
이복덕 무고 여래설 득복덕다

偈에 云하되

佛智慧爲本이니 非顚倒功德이라하고

論에 云하되

顯示福非顚倒니 佛智爲本故때문이다.

福有者 取相也요 福無者 離相也라하다.

問

福性空故로 福多者라면

前說 妄心性空이니 妄亦應多리오.

答

福 以佛智爲本이어 順於性空故로 悟性空에 福則甚多이다.

心識은 顚倒되어 違於性空故로 悟性空則 心識都盡이다.

334

"수보리야, 만약 복덕이 실제로 있는 것이라면 여래께서는 복덕
이 많다고 말씀하지 않았을 것이다. 복덕의 실체가 없는 까닭에
여래께서 복덕이 많다고 말씀하신 것이니라."

게송에서 "부처님의 지혜가 근본이 되니 잘못된 공덕이 아니다."
하고, 논에서는 "복덕이 잘못된 생각이 아님을 드러내니 이는 부처
님의 지혜가 근본이 되기 때문이다. 복덕이 있다는 것은 어떤 모습
에 집착하는 것이요, 복덕이 없다는 것은 어떤 모습에 대한 집착을
떠난 것이다."라고 하였다.

문 : 복덕의 성품이 '공空'인 까닭에 복덕이 많다고 한다면, 앞서 허
망한 마음의 성품이 '공空'이라고 말했으니, 허망한 마음 또한 많아
야 할 것이 아닌가?

답 : 부처님의 지혜가 근본이 되어 복덕의 성품이 '공空'인 것에 수순
하였으므로 그 성품이 '공空'임을 깨달음에 복덕이 참으로 많다. 중
생의 알음알이는 뒤바뀐 생각이기에 '성품이 공空'인 도리에 어긋
나므로 그 성품이 '공空'인 줄 깨달으면 알음알이는 모두 사라진다.

17. 斷無爲何有相好疑 斷之文二

論에 云하되

若諸佛께서 以無爲로 得名이라면

云何諸佛이 成就相好하여 而名爲佛고하니

此는 約法身[1]佛故로 以爲疑니라.

1) 由無身故 現身

須菩提 於意云何 佛 可以具足色身 見不
수보리 어의운하 불 가이구족색신 견부

不也 世尊 如來 不應 以具足色身 見
불야 세존 여래 불응 이구족색신 견

何以故 如來說 具足色身 卽非具足色身 是名具足色身
하이고 여래설 구족색신 즉비구족색신 시명구족색신

---

1. 법신은 진리 그 자체이므로 어떤 실물로 있는 부처님이 아니다.

17. **무위에서 어찌 상호가 있겠는가**

_ 이 의심을 끊어주니, 이 의심을 끊는 글에 두 부분이 있다.

논에서 "모든 부처님께서 무위로 그 이름을 얻었다면, 어떻게 모든 부처님이 상호를 이루어 부처님이라 하는가?"라고 하니, 이는 법신불의 관점에서 말한 뜻을 모르고 의심하는 것이다.

1) 몸이 없음으로 말미암아 몸을 나타낸다.

> "수보리야, 그대는 어떻게 생각하느냐? '뛰어나게 아름다운 몸'으로 부처님을 볼 수 있겠느냐?" "아니요 그렇지 않습니다, 세존이시여. 여래를 '뛰어나게 아름다운 몸'으로는 볼 수 없습니다. 왜냐하면 여래께서 말씀하는 '뛰어나게 아름다운 몸'은 어떤 실물로 있는 '뛰어나게 아름다운 몸'이 아니므로, 이를 일러 '뛰어나게 아름다운 몸'이라 하기 때문입니다."

2) 由無相故 現相

須菩提 於意云何
수보리 어의운하

如來 可以具足諸相 見不
여래 가이구족제상 견부

不也 世尊 如來 不應 以具足諸相 見
불야 세존 여래 불응 이구족제상 견

何以故 如來說 諸相具足 卽非具足 是名諸相具足
하이고 여래설 제상구족 즉비구족 시명제상구족

卽三十二相也니

一一如前色身中說이다.[1]

---

1. 앞서 부처님께서는 이렇게 말씀하셨다.
   "존재하는 '온갖 모습'은 다 허망한 것이니, '온갖 모습'에서 '허망한 모습이 아닌
   참모습'을 보면 곧 여래를 보느니라."

2) 모습이 없음으로 말미암아 모습을 나타낸다.

"수보리야, 그대는 어떻게 생각하느냐? 서른두 가지 뛰어난 모습을 다 갖춘 것으로 여래를 볼 수 있겠느냐?"
"아닙니다, 세존이시여. 서른두 가지 뛰어난 모습을 다 갖춘 것으로 여래를 볼 수 없습니다. 왜냐하면 여래께서 말씀하신 서른두 가지 뛰어난 모습을 다 갖춘다는 것은, 어떤 실물로 서른두 가지 뛰어난 모습을 다 갖춘 것이 아니므로, 이를 일러 서른두 가지 뛰어난 모습을 다 갖춘 것이라 하기 때문입니다."

서른두 가지 모습을 말하고 있으니
하나하나가 앞서 색신에 대하여 부처님께서 말씀하신 내용과 같은 것이다.

18. 斷無身何以說法疑 斷之文三

論에 云하되 若如來色身相好가 不可得見이라면
云何 言 如來說法고하다.

1) 遮錯解

須菩提 汝 勿謂 如來 作是念 我當 有所說法 莫作是念
수보리 여 물위 여래 작시념 아당 유소설법 막작시념

谷中無人이나 能作音聲이니라.

2) 釋所以

何以故
하이고

若人言 如來 有所說法 卽爲謗佛 不能解我所說故
약인언 여래 유소설법 즉위방불 불능해아소설고

世尊이 達諸法空하여 畢竟無執인데
今言有說이면 是謗佛執法也이다.

18. **몸이 없으면 어떻게 법을 설할 수 있는가**

  _ 이 의심을 끊어주니 이 의심을 끊는 글에 세 부분이 있다.

논에서 "만약 여래의 색신과 상호가 볼 수 있는 것이 아니라면, 어떻게 여래께서 법을 설하는가?"라고 의심한다.

1) 잘못 알고 있는 것을 막아 버린다.

> "수보리야, 그대는 여래께서 '내가 설한 법이 있다' 이렇게 생각한다고 짐작하여 말하지 말라. 이런 생각을 하지 말아야 하니"

산골짜기 안에 사람이 없지만 소리를 낼 수 있다.

2) 그 까닭을 풀이한다.

> "왜냐하면 어떤 사람이 여래께서 말씀하신 법이 있다고 하면 이는 부처님을 비방하는 것이며, 내가 말한 것을 이해하지 못하고 있기 때문이다."

세존께서는 모든 법이 공임을 통달하여 마침내 그 어떤 것에도 집착하는 것이 없는데, 지금 설하는 게 있다고 말한다면 이는 부처님이 법에 집착한다고 비방하는 것이다.

3) 示正見

須菩提 說法者 無法可說 是名說法
수보리 설법자 무법가설 시명설법

偈에 云하되 如佛法亦然하니 所說二差別이

不離於法界이므로 說法無自相이라하다.

大雲은 云하되 若言無說이면 是眞說法이요

若云有說이면 不名說法이니 是謗佛故라하다.

爾時 慧命須菩提 白佛言
이시 혜명수보리 백불언

世尊 頗有衆生 於未來世 聞說是法 生信心不
세존 파유중생 어미래세 문설시법 생신심부

佛言
불언

須菩提 彼非衆生 非不衆生
수보리 피비중생 비불중생

何以故 須菩提 衆生衆生者 如來說 非衆生 是名衆生
하이고 수보리 중생중생자 여래설 비중생 시명중생

342

3) 올바른 견해를 보여주다.

> "수보리야, 법을 설한다고 하는 것은 설할 만한 어떤 법도 없기
> 에 이를 일러 법을 설한다고 하느니라."

게송에서 "부처님처럼 법 또한 그러하니, 부처님과 설한 법 이 두
가지 차별이 법계를 떠나지 않았기 때문에, 법을 설해도 그 자체의
모습은 없다."라고 하였다.

대운은 "설하는 것이 없다고 말하면 이는 참으로 법을 설한 것이요,
설하는 것이 있다고 말하면 법을 설한 것이라 할 수 없으니 이는
부처님을 비방하는 것이기 때문이다."라고 하였다.

> 그때 장로 수보리가 부처님께 사뢰어 말하였다.
> "세존이시여, 오는 세상에서 중생들이 이 가르침을 듣고서 믿는
> 마음을 낼 수 있겠습니까?"
> "수보리야, 그들은 '중생'이 아니며 '중생이 아닌 것'도 아니다.
> 무엇 때문이겠느냐, 수보리야. '중생중생'이라 하는 것은, 여래
> 께서 '중생이 아닌 것', 이를 일러 '중생'이라 말씀하셨기 때문이
> 니라."

19. 斷無法如何修證疑 斷之文三

論에 云하되

如來 不得一法인데

云何 離上上證轉轉得阿耨菩提오하므로

爲斷此疑하여 示現 非證法 名爲阿耨菩提라하다.

1) 以無法爲正覺

須菩提 白佛言
수보리 백불언

世尊 佛得 阿耨多羅三藐三菩提 爲無所得耶
세존 불득 아뇩다라삼먁삼보리 위무소득야

佛言 如是 如是 須菩提 我 於阿耨多羅三藐三菩提 乃至 無
불언 여시 여시 수보리 아 어아뇩다라삼먁삼보리 내지 무

有少法可得 是名阿耨多羅三藐三菩提
유소법가득 시명아뇩다라삼먁삼보리

19. 법이 없는데 어떻게 닦아 증득하겠는가

_ 이 의심을 끊어주니, 이 의심을 끊는 글에 세 부분이 있다.

논에서 "여래가 한 법도 얻지 않았는데, 어떻게 점차 높은 경계를 증득해가며 깨달음을 얻을 수 있는지 의심하므로, 이런 의심을 끊기 위하여, '법을 증득하는 것이 아님' 이를 일러 '깨달음'이라 한다는 것을 보여 주었다."라고 하였다.

1) 법이 없는 것으로써 올바른 깨달음을 삼는다.

> 장로 수보리가 부처님께 사뢰어 말하였다.
> "세존이시여, 부처님께서 얻은 깨달음은 얻을 만한 어떤 법도 없는 것입니까?"
> 부처님께서 말씀하셨다.
> "맞다, 맞는 말이다, 수보리야. 나는 깨달음에서 그 어떤 조그마한 법도 얻을 만한 것이 없기 때문에, 이를 일러 '더할 나위 없이 높고도 올바른 깨달음'이라고 하느니라."

以無法爲正覺者는

偈에 云하되

彼處無少法이 知菩提無上이라하고

論에 云하되

彼菩提處에 無有一法可證이니 名爲阿耨菩提라하다.

2) 以平等爲正覺

復次 須菩提
부차 수보리

是法平等 無有高下 是名阿耨多羅三藐三菩提
시법평등 무유고하 시명아뇩다라삼막삼보리

偈에 云하되

法界는 不增減이라하고

論에 云하되

是法은 平等하니

是故로 名無上이라하는데 以更無上上故라하다.

346

어떤 법도 없는 것으로써 올바른 깨달음을 삼는다는 것은 무엇을 말하는가?

게송에서는 "깨달음이 있는 곳에 어떤 법도 없음이 무상보리無上菩提를 아는 것이다." 하고,

논에서는 "저 깨달음이 있는 곳에 증득할만한 어떤 법도 없으니, 이를 일러 아뇩보리阿耨菩提라 한다."라고 하였다.

2) 평등으로써 올바른 깨달음을 삼는다.

또한 수보리야, 이 법은 평등하여 높고 낮은 것이 없으므로 이를 일러 '더할 나위 없이 높고도 올바른 깨달음'이라고 한다.

게송에서
"법계는 더 보태거나 덜 것이 없다." 하고,

논에서
"이 법은 평등한 까닭에 '무상無上'이라 하는데, 이는 그 위에 더 높은 깨달음의 경계가 없기 때문이다."라고 하였다.

3) 以正助修 爲正覺

以無我 無人 無衆生 無壽者 修一切善法
이무아 무인 무중생 무수자 수일체선법

卽得阿耨多羅三藐三菩提 須菩提 所言善法者
즉득아뇩다라삼먁삼보리 수보리 소언선법자

如來說 卽非善法 是名善法[1]
여래설 즉비선법 시명선법

無我等은 是了因이니 卽正道也요

修一切善法은 是緣因이니 卽助道也다.

卽得阿耨菩提는 是正覺이요 所言善法者는 標指也다.

卽非等者에 論에 云하되 彼法은 無有漏法[2]故로 名非善法이고

以有無漏法[3]故로 名爲善法이라하다.

---

1. 이 부분에 대해서 육조 스님은 『금강경오가해』에서 다음과 같이 풀이하였다.
   "사상四相을 떠나 온갖 좋은 법을 닦는다면 해탈을 기약할 수 있다. 온갖 좋은 법을
   닦는다는 것은 어떤 법에도 오염되지 않아 모든 경계에서 흔들리지 않고, 세간과
   출세간법에서 욕심 부리지 않으며, 온갖 곳에서 늘 방편으로 중생을 수순하여 그들
   이 기쁜 마음으로 믿고 따라오게 정법을 설하여 깨달음을 얻게 하는 것이다. 이를
   수행이라 하니, 그러므로 '온갖 좋은 법을 닦는다'고 말한다. 온갖 '좋은 법'을 닦으
   면서 그 과보를 바라는 것은 '좋은 법'이 아니요, 육바라밀로 온갖 것을 적극적으로
   실천하되 그 과보를 바라는 마음이 없다면 이를 일러 '좋은 법'이라 한다."
2. 유루법이란 번뇌에 물들어 시비분별로 온갖 갈등을 일으키는 중생의 마음에서
   일어난 법이다.
3. 무루법이란 번뇌에 물들지 않아 맑고 깨끗한 부처님의 마음에서 흘러넘치는 법
   이다.

348

3) 주된 수행과 보조 수행으로 올바른 깨달음을 얻는다.

> "'나라는 생각도 없고, 남이라는 생각도 없으며, 우리 중생이라
> 는 생각도 없고, 이들 모두의 생명이 영원하리라는 생각도 없이
> 온갖 좋은 법을 닦기 때문에 바로 '더할 나위 없이 높고도 올바른
> 깨달음'을 얻는다. 수보리야, 여기에서 말하는 좋은 법이란 여래
> 께서 곧 어떤 실물로 나타나는 좋은 법이 아니라고 말씀하시므
> 로, 이를 일러 좋은 법이라고 하느니라."

"나라는 생각도 없고, 남이라는 생각도 없으며, 우리 중생이라는
생각도 없고, 이들 모두의 생명이 영원하리라는 생각도 없다."라는
것은 근본 원인을 안 것이니 '정도正道'요, "온갖 좋은 법을 닦는다
는 것"은 '정도'를 돕는 인연이니 '조도助道'이다.

"더할 나위 없이 높고도 올바른 깨달음을 바로 얻는다."라는 것은
'정각正覺'이요, "여기에서 말하는 좋은 법"이란 '가리키고자 하는
뜻'을 드러내는 것이다.

"좋은 법이란 곧 어떤 실물로 나타나는 좋은 법이 아니니, 이를 일러
좋은 법이라고 한다.(卽非等)"라는 것에 대하여, 논에서 "그 좋은
법은, 유루법이므로 좋은 법이 아니라 할 것도 없고 무루법이므로
좋은 법이라 할 것도 없다."라고 하였다.

20. 斷所說無記非因疑

論에 云하되

若修一切善法하여 得阿耨菩提者라면

則所說敎法으로 不能得菩提니 以是無記法故라하다.

須菩提 若三千大千世界中 所有 諸須彌山王 如是等 七寶
수보리 약삼천대천세계중 소유 제수미산왕 여시등 칠보

聚 有人 持用布施
취 유인 지용보시

若人 以此般若波羅蜜經 乃至 四句偈等 受持讀誦 爲他人
약인 이차반야바라밀경 내지 사구게등 수지독송 위타인

說 於前福德 百分不及一 百千萬億分 乃至 算數 譬喩 所不
설 어전복덕 백분불급일 백천만억분 내지 산수 비유 소불

能及
능급

偈에 云하되

雖言無記法하더라도 而說是彼因이니

是故一法寶가 勝無量珍寶라하다.

350

20. 설한 가르침이 선도 악도 아닌 무기이니 깨달음의 인은 아니지 않은가

_ 이 의심을 끊어준다.

논에 "온갖 좋은 법을 닦아 깨달음을 얻었다면, 부처님께서 설한 가르침 문자로는 깨달음을 얻을 수 없으니 무기법이기 때문이다." 라고 의심하였다.

> "수보리야, 삼천대천세계에 있는 거대한 수미산들을 모두 합쳐 놓은 것만큼 많은 일곱 가지 보배더미를 어떤 사람이 가져다 보시하더라도, 만일 다른 어떤 사람이 이 금강경이나 이 가르침 속에 있는 네 구절의 게송만이라도 받아 지녀 읽고 외워서 남에게 그 뜻을 일러 준 복덕에 비교한다면, 이 복덕에 비해 일곱 가지 보배더미를 보시하는 복덕은 백분의 일에도 미치지 못하고, 백천만억 분의 일에도 미치지 못하며, 어떤 숫자로도 셈할 수 없고 어떤 비유로도 이 복덕에는 미치지 못할 것이니라."

게송에서 "경의 말씀이 무기법이라 하더라도, 이 가르침이 깨달음의 인因이 되니, 이 때문에 법보法寶 하나가 헤아릴 수 없는 진기한 보배보다 더 뛰어나다."라고 한다.

論에 云하되

以離所說法하여 不能得大菩提故로

此法이 能爲菩提因이라하며

又言하되

汝法은 是無記이지만

而我法은 是記이니

是故로 勝捨無量七寶라하다.

논에서

"설하는 법을 떠나 큰 깨달음을 얻을 수 없으므로, 이 법이 깨달음의 인因이 된다."라고 하며,

또 말하기를

"그대의 법은 무기에 지나지 않지만 나의 법은 깨달음의 씨앗이 되니, 이 때문에 헤아릴 수 없이 많은 칠보를 보시하는 것보다 더 뛰어나다."라고 하였다.

21. 斷平等云何度生疑 斷之文四

論에 云하되

若法平等하여 無高下者인데 云何 如來 度衆生고하다.

1) 遮其錯解

須菩提 於意云何 汝等 勿謂 如來 作是念 我當度衆生
수보리 어의운하 여등 물위 여래 작시념 아당도중생

須菩提 莫作是念
수보리 막작시념

2) 示其正見

何以故 實無有衆生 如來度者
하이고 실무유중생 여래도자

偈에 云하되

平等眞法界에 佛不度衆生이니 以名共彼陰이 不離於法界라하며

論에 云하되 衆生假名[1]與五陰이 共不離於法界라하다.

---

1. 모든 현상은 여러 인연의 일시적인 화합에 지나지 않으므로 거기에 불변하는 실체
가 없고 이름뿐이라는 뜻이다.

21. 중생과 부처가 평등한데 어떻게 중생을 제도하는가

_ 이 의심을 끊어주니, 이 의심을 끊는 글에 네 부분이 있다.

논에서 "법이 평등하여 높고 낮은 것이 없는데, 어떻게 여래가 중생을 제도하는가?"라고 하였다.

1) 잘못 알고 있는 것을 막아 버린다.

"수보리야, 그대는 어떻게 생각하느냐?

그대들은 여래께서 '내가 중생을 제도하리라' 이렇게 생각한다고 짐작하여 말하지 말라.

수보리야, 이런 생각을 내지 말아야 하니"

2) 올바른 견해를 보여주다.

"무엇 때문이겠느냐? 여래께서는 실로 한 중생도 제도할 중생이 없기 때문이다."

게송에서 "평등한 참법계에서는 부처님이 중생을 제도하지 않으니, 그들의 이름과 몸과 마음이 법계를 벗어나지 않기 때문이다." 하고, 논에서는 "이름뿐인 중생의 몸과 마음이 다함께 법계를 벗어나지 않았다."라고 하였다.

3) 反釋所以

若有衆生 如來度者 如來 卽有我人衆生壽者
약유중생 여래도자 여래 즉유아인중생수자

論에 云하되
若如來가 有如是心 五陰中에 有衆生可度者이면
此是取相過라하고

無着은 云하되 如來는 如爾炎[1]而知니
是故로 若有衆生想이면 則爲有我取라하다.

4) 展轉拂迹

須菩提 如來說 有我者 卽非有我 而凡夫之人 以爲有我
수보리 여래설 유아자 즉비유아 이범부지인 이위유아

須菩提 凡夫者 如來說 卽非凡夫 是名凡夫
수보리 범부자 여래설 즉비범부 시명범부

---

1. 이염爾炎은 '온갖 지혜의 어머니(智母)'라는 뜻이니 '부처님 지혜'를 말한다.

3) 반대 입장에서 그 이유를 풀이한다.

> "만약 여래께서 제도할 어떤 중생이 있다면 여래에게는 곧 '나라
> 는 생각, 남이라는 생각, 우리 중생이라는 생각, 또는 이들 모두
> 의 생명이 영원할 것이라는 생각'이 있는 것이다."

논에서 "만약 여래가 이름뿐인 중생의 몸과 마음을 제도할 수 있다
는 마음이 있으면 이는 어떤 모습에 집착하는 허물이 된다." 하고,

무착은 "여래는 부처님의 지혜로 아니, 이 때문에 중생이라는 생각
이 있으면 나의 모습에 집착하는 것이 된다."라고 하였다.

4) 더 나아가 남아 있는 의심을 떨쳐 버린다.

> "수보리야, 여래께서 '나'가 있다고 말씀하신 것은 곧 '어떤 고정
> 된 실체로서 나'가 있다는 것이 아닌데도, 범부들은 '나'가 있다
> 고 여기기 때문이니, 수보리야, 범부라는 것도 여래께서 어떤
> 실체가 있는 범부가 아니라고 말씀하시므로 이를 일러 범부라
> 고 하느니라."

22. 斷以相比知眞佛疑 斷之文五

論에 云하되

雖相成就로 不可得見如來라도

而以見相成就比智로 則知如來法身이라하다.

1) 問以相表佛

須菩提 於意云何 可以三十二相 觀如來不
수보리 어의운하 가이삼십이상 관여래부

2) 答因苗識根

須菩提言 如是 如是 以三十二相 觀如來
수보리언 여시 여시 이삼십이상 관여래

問하되

善現이 前에 頻答此義는 皆悟 佛身非相인데

如何 今答 以相觀佛고하다.

22. 모습으로 비교하여 참부처님을 아는 것이 아닌가

_ 이 의심을 끊어주니, 이 의심을 끊는 글에 다섯 부분이 있다.

논에서 말하기를 수보리는

"서른두 가지 모습으로 여래를 볼 수 있는 것이 아니더라도, 이 모습을 보고 미루어 짐작하는 지혜로 여래의 법신을 안다."라고 의심하고 있다.

1) 모습으로 부처님을 드러낼 수 있는지를 묻는다.

> "수보리야, 그대는 어떻게 생각하느냐? '서른두 가지 뛰어난 모습'으로 여래를 볼 수 있겠느냐?"

2) 돋은 싹을 보고 그 뿌리를 알 수 있다고 답한다.

> "그렇습니다, 세존이시여. '서른두 가지 뛰어난 모습'으로 여래를 볼 수 있습니다."

묻기를 "수보리가 앞에서 자주 답하는 방식은 '부처님의 몸이 그 어떤 모습도 아님을 모두 깨달았다'는 것인데, 어찌하여 지금 모습으로 부처님을 본다고 대답하는가?"라고 하였다.

有云하되

前에는 實理答이요 今에는 假說答이라하며

又 前은 依眞答이요 此는 據俗答이라하다.

又 有云하되

欲明二十一段 法身妙體하려 假示此答이라하니

兩疏皆錯이다.

前何不假示하고 今始假示아.

假示는 須有綸緒理例니

秖合先假示迷하고 後假示悟인데

豈可前悟而後却迷리오.

又 有云하되

前悟色身이지만 此迷法身이라하니 此亦錯解이다.

前已悟法이라면

非唯悟色이라 非不證眞이니 而能達俗이다.

그러자 어떤 이가 "앞에서는 실다운 이치로 대답한 것이요, 지금은 방편으로 말하는 것이다."라고 하며, 또 앞은 "진여의 이치로 대답한 것이요, 여기선 세간의 이치로 대답한 것이다."라고 하였다.

또 어떤 사람은 "이 단락에서 법신의 오묘한 바탕을 밝히기 위하여 방편으로 이런 대답을 하였다."라고 하니, 두 사람의 견해는 다를 렸다.

앞에서는 어찌 방편으로 보여주지 않고 지금에야 방편으로 보이는 가? 방편으로 보인다는 것은 모름지기 순서와 이치가 맞아야 하니, 먼저 방편으로 어리석음을 보이고 뒤에 깨달음을 보여야 하는 것인데, 어찌 앞에 깨달음을 보이고 나서 뒤에 어리석음을 보일 수 있단 말인가?

또 어떤 사람은 "앞에서 색신을 깨달았지만 이때까지 법신을 몰랐던 것이다."라고 하니, 이 견해도 잘못된 것이다. 앞에서 이미 법을 깨달았다면 색신을 깨달았을 뿐만 아니라 진여도 증득한 것이므로, 세속의 이치에도 통달한 것이다.

今細詳之하면

此問及答이 與前皆殊이다.

前問 以相爲佛하니 故로 答云하되 不也라하였는데

今問 可以相觀으로 知是無相佛不아하자

故로 設答云하되

可以相觀이라하다.

意云은 相雖非佛이더라도

但見外具相好하면 卽表知內證法身無相眞佛이다.

故로 論에 云하되 比智知也라하다.

由此로

科云에 因苗識根이라하다.

大雲은 最後 釋云하되

意謂 法身에서 旣流出相身이니

卽由此相으로 知佛證得無相法身이라하니 此卽順矣로다.[1]

---

1. 이 단락의 풀이는 규봉 스님의 본디 소에는 없는 것인데, 아마도 금강경오가해를
   편집한 사람이 덧붙여 놓은 글이 아닌가 싶다.(以上十三行文 圭峰本疏 所無 蓋編集者
   之所論云云) _ 함허 주

지금 자세히 살펴보면 이 단락의 문답이 앞의 것과 전혀 다르다. 앞의 단락에서는 "모습으로 부처님이 되는가?"라고 물으니, "그렇지 않습니다."라고 대답하였다.

그러나 지금 단락에서는 "모습을 보는 것으로써 '어떤 모습도 없는 부처님'을 알 수 있겠느냐?"라고 묻자, 대답하기를 "모습으로써 볼 수 있다."라고 하였다.

이에 대해 "비록 모습으로 부처님을 볼 수 없다고 하더라도 부처님의 상호를 다 갖춘 겉모습을 보면 내면에서 법신의 무상진불無相眞佛을 증득한 것이 바로 드러나므로 안다."라고 풀이하였다. 그러므로 논에서 "미루어 짐작한 지혜로 안다."라고 말한 것이다. 이것으로 말미암아 이 단락의 제목을 "돋은 싹을 보고 그 뿌리를 알 수 있다."라고 하였다.

끝으로 대운은 풀이하기를 "이 뜻은 법신에서 부처님의 모습을 드러냈으니, 곧 이 모습으로 말미암아 부처님께서 무상법신無相法身을 증득한 것을 안다."라고 하니, 이것이 이치에 맞는 해석이다.

3) 難凡聖不分

佛言 須菩提 若以三十二相 觀如來者 轉輪聖王 卽是如來
불언 수보리 약이삼십이상 관여래자 전륜성왕 즉시여래

偈에 云하되

非是色相身으로 可比知如來이니

諸佛唯法身일뿐 轉輪王¹非佛이라하다.

4) 悟佛非相見

須菩提 白佛言
수보리 백불언

世尊 如我解 佛所說義 不應 以三十二相 觀如來
세존 여아해 불소설의 불응 이삼십이상 관여래

---

1. 부처님이나 전륜성왕은 몸에 32상 팔십종호를 갖추었다고 한다. 전륜성왕은 수미
사주四洲의 세계를 통솔하는 대왕이다. 이 왕은 몸에 성스런 32상을 갖추고 즉위할
때는 하늘로부터 보배로 치장된 마차를 받아 타고 다니므로 '전륜왕轉輪王'이라
부르기도 하고, 공중으로 날아다니기 때문에 '비행황제飛行皇帝'라고도 한다.

3) 범부와 성인을 분별하지 못함을 따져 묻는다.

> "수보리야, '서른두 가지 뛰어난 모습'으로 여래를 볼 수 있다면
> 전륜성왕도 곧 여래이겠구나."

게송에서 "서른두 가지 모습을 갖춘 몸으로 여래를 미루어 알 수
있는 것이 아니니, 모든 부처님은 오직 법신일 뿐 전륜왕은 부처님
이 아니다."라고 하였다.

4) 부처님은 모습으로 보는 것이 아님을 깨닫다.

> "세존이시여, 제가 부처님께서 말씀하신 뜻을 이해하기로는
> '서른두 가지 뛰어난 모습'만으로 여래를 볼 수 없습니다."

5) 印見聞不及

爾時 世尊 而說偈言
이시 세존 이설게언

若以色見我　以音聲求我
약 이 색 견 아　이 음 성 구 아

是人行邪道　不能見如來[1]
시 인 행 사 도　불 능 견 여 래

魏加後偈 云하되

彼如來妙體는 卽諸佛法身이니

法體不可見이요 彼識不能知라하다.

偈에 云하되

唯見色聞聲하는 是人은 不知佛이니

以眞如法身은 非是識境故라하다.

無着은 云하되

以彼法身은 眞如相故로 非如言說而知요 唯自證知故라하다.

---

1. 이 부분에 대해서 육조 스님은 『금강경오가해』에서 다음과 같이 풀이하였다.
"만약 모습과 소리로써 부처님을 찾으려 하면 볼 수가 없다. 그러므로 알아야 한다.
모습으로 부처님을 보려 하거나 소리에서 부처님의 법을 찾으려 하면 마음에 생멸
이 있는 것이기에 여래를 볼 수 없는 것이다."

5) 보고 듣는 것으로는 부처님을 볼 수 없다.

> 그때 세존께서 게송으로 말씀하셨다.
>
> 모습으로 부처님을 보려 하거나
> 소리로써 부처님을 찾으려 하면
> 이 사람은 잘못된 길 가는 것이니
> 부처님을 볼 수 있는 인연 없으리.

위나라 번역에서는 이 뒷부분에 게송을 덧붙여 말하였다.

"저 여래의 오묘한 바탕은
곧 모든 부처님의 법신이니
오묘한 바탕은 볼 수 있는 것이 아니요
알음알이로도 알 수 있는 것이 아니다."

게송에서 "색과 소리로만 보고 듣는 사람은 부처님을 알 수 없으니,
진여 법신은 알음알이 경계가 아니기 때문이다."라고 하였다.

무착은 "저 법신은 진여의 모습이므로 언설로 아는 것이 아니요,
오직 스스로 증득해 아는 것이다."라고 하였다.

23. 斷佛果非關福相疑 斷之文四

由前 以相比知法身是失이라하고

又聞 以色見聲求是邪라하여

遂作念云하되

佛果는 一向無相無爲이다.

若爾則 修福德之因은 但成相果하니

相旣非佛이라면 佛果는 則不以具相而得故이므로

佛果는 畢竟 不關福相이라하니

故로 論에 云하되

有人이 起如是心하여

若不依福德하고 得大菩提라하면

如是諸菩薩은 則失福德이며 及失果報라하다.

23. 불과는 복덕의 모습에 관계하는 것이 아니지 않은가
_ 이 의심을 끊어주니, 이 의심을 끊는 글에 네 부분이 있다.

앞에서 모습으로 법신을 추론하여 아는 것은 '잘못'이라 하고, 또 색이나 소리를 보고 찾는 것은 '삿된 도'라는 말을 듣고서 마침내 "깨달음으로서의 불과佛果는 언제나 무상無相 무위無爲이다. 만약 그렇다면 복덕을 닦는 것은 다만 모습으로 나타나는 결과를 만들 뿐이니, 모습으로 나타난 것이 부처님이 아니라면 불과佛果란 어떤 모습을 갖추어서 얻어지는 것이 아니므로, 필경 복덕을 쌓는 것과는 관계없다."라고 생각하니,

그러므로 논에서
"어떤 사람이 이와 같은 마음을 일으켜 복덕을 의지하지 않고 큰 깨달음을 얻으려 한다면, 이들은 복덕을 잃을 것이며, 그 과보까지 잃을 것이다."라고 하였다.

1) 遮毀相之念

須菩提 汝 若作是念
수보리 여 약작시념

如來 不以具足相故 得阿耨多羅三藐三菩提
여래 불이구족상고 득아뇩다라삼먁삼보리

須菩提 莫作是念
수보리 막작시념

如來 不以具足相故 得阿耨多羅三藐三菩提
여래 불이구족상고 득아뇩다라삼먁삼보리

華嚴經에 云하되

色身非是佛이요 音聲亦復然이지만

亦不離色聲하고 見佛神通力이라하고

肇가 云하되

不偏在色聲이므로 故言 非라하고 非不身相이므로 故復言 是라하며

大雲은 云하되

若言如來 不以相具라면 斷滅見矣이다.

故로 佛止 云하되 莫作是念하라하다.

370

1) 모습에 대한 잘못된 생각을 막아 버리다.

> "수보리야, 그대가 만약 '여래께서 뛰어나게 아름다운 모습을
> 다 갖추지 않았기 때문에 더할 나위 없이 높고도 올바른 깨달음
> 을 얻었다'고 짐작하여 생각하고 있다면,
> 수보리야, 그대는 '여래께서 뛰어나게 아름다운 모습을 다 갖추
> 지 않았기 때문에 더할 나위 없이 높고도 올바른 깨달음을 얻었
> 다' 짐작하여 그렇게 생각하지 말라."

『화엄경』에서 "색신은 부처님이 아니요 음성도 그러하지만, 또한
색과 소리를 떠나지 않고 부처님의 신통력을 본다." 하고,

조조肇 스님은 "색과 소리에 치우친 것이 아니므로 '아니다' 하고, 몸
의 모습이 아닌 것도 아니므로 '맞다'고 한다." 하며,

대운은 "만약 여래가 모습을 다 갖춘 것이 아니라고 말한다면 단멸
견斷滅見이다. 그러므로 부처님께서 이 단견을 그치게 하려 '그렇
게 생각하지 말라.' 말씀하셨다."라고 하였다.

2) 出毁相之過

須菩提 汝 若作是念
수보리 여 약작시념

發阿耨多羅三藐三菩提心者 說 諸法斷滅
발아녹다라삼먁삼보리심자 설 제법단멸

莫作是念
막작시념

毁相則 墮斷滅이니

斷滅은 是損滅之過요

斷見[1]은 邊見之過이다.

3) 明福相不失

何以故 發阿耨多羅三藐三菩提心者 於法 不說斷滅相
하이고 발아녹다라삼먁삼보리심자 어법 불설단멸상

---

1. 어떠한 모습이 있다는 상相에 집착한다면 상견常見이고, 어떠한 모습도 없다는 상相에 집착한다면 단견斷見이다.

2) 모습에 대한 잘못된 생각의 허물을 벗어나다.

> "수보리야, 그대가 '더할 나위 없이 높고도 올바른 깨달음을 얻
> 고자 마음을 낸 사람은 온갖 법이 끊어져 없어진다고 말한다'
> 그리 짐작하여 생각하고 있다면,
> 수보리야, 그대는 짐작하여 그렇게 생각하지 말라."

모습에 집착하는 잘못된 생각이라면 단멸에 떨어지니,
단멸은 '온갖 법이 끊어져 없어진다'고 집착하는 허물이요,
단견斷見은 한쪽으로 치우쳐 집착하여 생각하는 허물이다.

3) 복덕의 모습을 잃지 않음을 밝히다.

> "왜냐하면 '더할 나위 없이 높고도 올바른 깨달음'을 얻고자 마
> 음을 낸 사람은 어떤 법에서도 온갖 법이 끊어지고 사라진다는
> 모습을 말하지 않기 때문이다."

無着은 云하되

於法에 不說斷滅者는

謂

如所住法而通達하여 不斷一切生死影像法하고

於涅槃에 自在하여 行利益衆生事니

此中에 爲遮一向寂靜故로

顯示不住涅槃이라하고

偈에 云하되

不失功德因 及彼勝果報라하며

論에 云하되

雖不依福德하여 得眞菩提라도 而不失福德 及彼果報니

以能成就 智慧莊嚴 功德莊嚴故라하다.

무착은

"법에서 '온갖 법이 끊어져 없어진다'라고 말하지 않은 것은, '머무는 바 없는 부처님 법'처럼 막힘없이 환히 통해서, 온갖 생사의 그림자와 같은 법을 끊지 않고 열반에 자재하여 중생에게 이익 주는 일을 실천하니, 이 가운데 오로지 고요한 경계에만 머무르지 않도록 하기 위하여, 열반에 머물지 않음을 드러내 보인 것을 말한다."라고 하였다.

게송에서는 단멸을 말하지 않은 것을 일러

"공덕의 인因과 그 뛰어난 과보를 잃지 않게 한다."라고 하며,

논에서는 "복덕에 의지하여 참깨달음을 얻지 못하더라도, 복덕과 그 과보를 잃지 않으니, 지혜와 공덕의 장엄을 성취할 수 있기 때문이다."라고 하였다.

4) 明不失所以 於中文二

(1) 明得忍故不失

須菩提 若菩薩 以滿恒河沙等 世界七寶 持用布施
수보리 약보살 이만항하사등 세계칠보 지용보시

若復有人 知一切法 無我 得成於忍
약부유인 지일체법 무아 득성어인

此菩薩 勝前菩薩 所得功德
차보살 승전보살 소득공덕

論에 云하되

有人 起如是心하되 諸菩薩이 得出世智하면

失彼福德 及彼果報라하니 爲遮此故라하다.

偈에 云하되

得勝忍不失하니 以得無垢果라하다.

無我者는 二種無我也이다.

376

4) 복덕의 모습을 잃지 않는 까닭을 밝히니 글에 두 가지가 있다.

(1) 지혜를 얻으므로 잃지 않음을 밝히다.

> "수보리야, 만약 보살이 갠지스 강 모래알 수만큼 많은 세계를
> 일곱 가지 보배로 가득 채워 남에게 베풀더라도, 어떤 사람이
> '모든 법에 나의 것이라고 할 어떤 고정된 실체가 없음'을 알아
> 참다운 지혜를 성취하면 이 보살의 복덕은 일곱 가지 보배를 베
> 풀어 얻는 복덕보다도 훨씬 뛰어날 것이다."

논에서 "어떤 사람은 '모든 보살이 출세간의 지혜를 얻게 되면 그가
지은 복덕과 그 과보를 잃게 된다'는 마음을 일으키니, 이런 잘못을
막기 위한 것이다."라고 하였다.

게송에서는
"뛰어난 지혜를 얻으면 복덕을 잃지 않으니, 티 없는 부처님의 세상
을 얻기 때문이다."라고 하였다.

'무아無我'는 두 가지로
'나'라는 모습에 집착할 것이 없다는 '인무아人無我'와, 어떤 법에도
집착할 것이 없다는 '법무아法無我'를 말한다.

(2) 明不受故不失

가. 正明

何以故 須菩提 以諸菩薩 不受福德故
하이고 수보리 이제보살 불수복덕고

論에 云하되

彼福德은 得有漏果報故로 可呵라하다.

無着은 云하되

此는 顯示不着生死故니

若住生死하면 卽受福德이라하다.

나. 徵釋

須菩提 白佛言
수보리 백불언

世尊 云何菩薩 不受福德
세존 운하보살 불수복덕

須菩提 菩薩 所作福德 不應貪着 是故 說 不受福德
수보리 보살 소작복덕 불응탐착 시고 설 불수복덕

(2) 복덕을 받지 않으므로 잃지 않음을 밝히니 글에 두 가지가 있다.

가. 바로 밝히다.

> "왜냐하면 수보리야, 이런 보살은 모두 복덕을 받지 않기 때문이
> 니라."

논에서는 "복덕은 유루의 과보를 얻기 때문에 나무랄만하다."라
고 하였다.

무착은 "이 단락은 생사에 집착하지 않아야 함을 드러내니, 만
약 생사에 집착하여 머물면 유루의 복덕을 받게 된다."라고 말
하였다.

나. 따져 묻자 그 까닭을 풀이하다.

> "세존이시여, 어찌하여 보살이 복덕을 받지 않는다고 말씀하십
> 니까?"
> "수보리야, 보살은 복덕을 지을 뿐 그 복덕에 탐을 내지도 않고
> 집착하지도 않으니, 이런 까닭에 복덕을 받지 않는다고 말하느
> 니라."

24. 斷化身出現受福疑 斷之文二

論에 云하되

若諸菩薩이 不受福德이면 云何諸菩薩福德을 衆生이 受用고하다.

1) 遮錯解

> 須菩提 若有人言 如來 若來 若去 若坐 若臥
> 수보리 약유인언 여래 약래 약거 약좌 약와
>
> 是人不解 我所說義
> 시인불해 아소설의

偈에 云하되

是福德報應은 爲化諸衆生이니

自然如是業으로 諸佛現十方이라하다.

24. 화신이 출현해도 그 복덕을 받아쓸 수 있겠는가

_ 이 의심을 끊어주니, 이 의심을 끊는 글에 두 부분이 있다.

논에서 "만약 모든 보살이 복덕을 받지 않는다면, 어떻게 중생이 모든 보살의 복덕을 받아쓸 수 있을까?"라고 하였다.

1) 잘못 알고 있는 것을 막아 버리다.

> "수보리야, 어떤 사람이 '여래께서 오기도 하고 가기도 하며 앉기도 하고 눕기도 한다'고 말한다면, 그 사람은 내가 말한 뜻을 알지 못한 것이다."

게송에서 "보살의 복덕으로 보답해야 하는 것이 온갖 중생을 교화하는 것이니, 자연히 이와 같은 업으로 모든 부처님의 모습이 시방세계에 나타난다."라고 하였다.

2) 示正見

何以故 如來者 無所從來 亦無所去 故名如來
하 이 고 여 래 자 무 소 종 래 역 무 소 거 고 명 여 래

偈에 云하되

去來는 化身佛이지 如來는 常不動이라하고

大雲은 云하되

衆生心水가 若淸淨하면 則見 佛來지만 來無所從이요

濁則 見佛雙林[1]示滅하고 則云 佛去지만 去無可至라하며

肇가 云하되

解極會如하면 體無方所이니

緣至物見이지만 來無所從이요

感畢爲隱이지만 亦何所去리오하다.

---

1. '쌍림雙林'은 부처님께서 열반에 드신 쿠시나가라의 사라쌍수沙羅雙樹 숲을 말한
   다. 석가모니가 이 숲에서 열반할 때 숲이 모두 흰색으로 변하여 그 광경이 마치
   학의 무리와 같았다고 하여 '학림鶴林'이라고도 한다.

382

2) 올바른 견해를 보여주다.

> "왜냐하면 여래란 오는 바도 없고 가는 바도 없기 때문이니, 이
> 를 일러 여래라고 하느니라."

게송에서 "오고 가는 것은 화신불이지, 여래는 늘 그 자리에서 움직
이지 않는다." 하고,

대운은 "중생의 마음이 맑고 깨끗하면 곧 부처님이 오는 것을 보지
만, 부처님이 와도 온 바가 없는 것이요, 그 마음이 탁하면 부처님이
쌍림雙林에서 돌아가시는 모습을 보고 부처님이 가셨다고 말하지
만, 정작 가도 간 곳이 없다."라고 하며,

조肇 스님은 "지극한 앎인 여여를 알면 그 바탕에 방향과 처소가
없으니, 인연이 주어지면 중생이 볼 수 있지만 와도 온 바가 없는
것이요, 중생의 감응이 다하여 자취가 사라지지만 또한 어찌 간 바
가 있겠느냐?"라고 하였다.

25. 斷法身化身一異疑 斷之文二

據前
不可以化相으로 比知法身과
法身은 無去來坐臥하면 卽似眞化異하고

據
遮斷滅之念 又 顯不失福相하면
卽似眞化一이니 故로 成疑也니라.

此는
約微塵世界로 委釋非一非異義하여 以斷此疑이다.

25. **법신과 화신이 같은가 아니면 다른가**

_ 이 의심을 끊어주니 이 의심을 끊는 글에 두 가지가 있다.

앞에서 말한 "화신의 모습으로 법신의 모습을 추론해 알 수 있는 것이 아니다."와 "법신은 오고 감과 앉고 눕는 모습이 없다."라는 것에 근거하면 곧 진신과 화신이 다른 듯하고,

"단멸한다는 생각을 막아 버리는 것"과 또 "복덕의 모습을 잃지 않음을 드러낸다."라는 것에 근거하면 곧 진신과 화신이 하나인 듯하니, 그러므로 의심이 든 것이다.

여기서는 미진세계로 비유하여 '같은 것도 아니고 다른 것도 아니다'는 뜻을 자세히 풀이하여 이런 의심을 끊어준다.

1) 約塵界 破一異 文五

(1) 細末方便 破麤色

> 須菩提 若善男子 善女人 以三千大千世界 碎爲微塵
> 수보리 약선남자 선여인 이삼천대천세계 쇄위미진
>
> 於意云何 是微塵衆 寧爲多不
> 어의운하 시미진중 영위다부
>
> 須菩提言 甚多 世尊
> 수보리언 심다 세존

偈에 云하되 於是法界處는 非一亦非異라하다.

論에 云하되

彼諸如來 於眞如法界中에 非一處住요 亦非異處住니

爲示此義故로

說 世界 碎爲微塵이라하니

故로 偈에 云하되 世界作微塵 此喩示彼義라하다.

無着은 云하되

爲破名色身故로 說界塵等하다.

於中에 有細末方便 及無所見方便이다.

微塵甚多者 是細末方便이라하다.

386

1) 미진세계로 같다거나 다르다는 집착을 타파하니 글에 다섯 가지가 있다.

(1) 미세한 티끌 방편으로 거친 모습을 타파하다.

> "수보리야, 선남자 선여인이 삼천대천세계를 부수어 미세한 티
> 끌로 만든다면 그대는 어떻게 생각하느냐? 이 티끌을 모아 놓은
> 것이 많지 않겠느냐?"
> 장로 수보리가 말하였다.
> "참으로 많습니다, 세존이시여."

게송에서 "이 법계는 같은 것도 아니요 다른 것도 아니다." 하였다.

논에서 "모든 여래가 진여법계 어느 한 곳에 머무는 것도 아니요
또한 다른 곳에 머무는 것도 아니니, 이 뜻을 보여주기 위하여 '세계
를 부수어 미세한 티끌로 만든다.'라고 말한 것이다."라고 하니, 게
송에서 "세계를 미세한 티끌로 만든다는 이 비유는 저 뜻을 보여준
다."라고 하였다.

무착은 "이름과 형상뿐인 몸을 타파하기 위해 세계와 티끌 등을
말한다. 그 중에 미세한 티끌을 들어 설명하는 방편과 '본 바가 없다'
라고 말하는 방편이 있다. 미세한 티끌이 참으로 많다는 것은 미세
한 티끌을 들어 이야기하는 방편이다."라고 하였다.

大雲은 云하되

卽是析塵하여 至於細末이니

以此方便으로 破麤色矣라.

此言微塵은 依大乘宗하여 於一摶色에서 假想分析하여 至極略色으로

爲塵이요 非小乘宗 實塵矣니라하다.

(2) 不念方便 破微塵

何以故
하 이 고

若是微塵衆 實有者 佛卽不說 是微塵衆
약 시 미 진 중 실 유 자 불 즉 불 설 시 미 진 중

所以者何
소 이 자 하

佛說 微塵衆 卽非微塵衆 是名微塵衆
불 설 미 진 중 즉 비 미 진 중 시 명 미 진 중

論에 云하되 碎塵爲末故로 非一處요

塵衆聚故로 非異處니

如是 佛住法界中 非一處住요 非異處住이다.

又 若塵衆實有者라면

世間凡夫도 悉亦自知이니 何須佛說이리오.

只爲不知體不成就故로 佛說矣라하다.

대운은 "티끌 그 자체를 쪼개고 쪼개어 미세한 티끌로 만드니 이런 방편으로 거친 모습을 타파한다. 여기서 말한 미진은 대승의 가르침에 따라 한 덩어리 모습에서 가상으로 분석하여 '지극히 미세하여 모습조차 사라진 것(至極略色)'으로 티끌을 삼은 것이요, 소승의 가르침에서 말하는 실제 티끌이 아니다."라고 하였다.

(2) 티끌이 있다는 생각조차 없는 방편으로 미세한 티끌까지 타파하다.

> "왜냐하면 이 티끌을 모아 놓은 것이 실로 있는 것이라면 부처님 께서는 이 티끌을 모아 놓은 것이라고 말씀하지 않으셨을 것이 기 때문입니다.
> 왜 그런가 하면 티끌을 모아 놓은 것이라고 부처님께서 말씀하 신 것은, 어떤 실물로 이루어진 티끌을 모아 놓은 것이 아니므로 이를 일러 티끌을 모아 놓은 것이라 하는 것입니다."

논에서 "티끌을 부수어 가루가 되기 때문에 한 곳에 있는 것도 아니 요, 티끌이 다시 모인 것이므로 다른 곳에 있는 것도 아니니, 이처럼 부처님도 법계 가운데 한 곳에 머무는 것도 아니요, 다른 곳에 머무 는 것도 아니다. 또 티끌을 모아 놓은 것이 실제 있는 것이라면 세간 의 범부 모두가 또한 스스로 알 것이니, 어찌 반드시 부처님만 설할 것인가? 다만 그 바탕이 만들어진 것이 아님을 모르기 때문에 부처 님께서 설하는 것이다."라고 하였다.

故로 無着은 云하되

世尊께서 說非者는

以此聚體가 不成就故때문이다.

若異此者라면 佛雖不說이라도 亦自知是聚라하다.

(3) 不念方便 破世界

世尊
세존

如來所說 三千大千世界 卽非世界 是名世界
여래소설 삼천대천세계 즉비세계 시명세계

本論에 破世界하니

不實之義를 可知로다.

無着은 云하되

此破名身이니 世界者란 衆生世故라하다.

(4) 俱約塵界 破和合

何以故 若世界 實有者 卽是一合相
하이고 약세계 실유자 즉시일합상

如來說 一合相 卽非一合相 是名一合相
여래설 일합상 즉비일합상 시명일합상

그러므로 무착은 "세존께서 '아니라고 말한 것'은 모인 티끌의 바탕이 만들어진 것이 아니기 때문이다. 만약 이 내용과 다르다면 부처님께서 말하지 않더라도 또한 스스로 이 티끌의 무더기를 알 것이다."라고 하였다.

(3) 세계가 있다는 생각이 없는 방편으로 세계까지 타파하다.

> "세존이시여, 여래께서 말씀하신 삼천대천세계는 곧 실물로 이루어진 세계가 아니므로 이를 일러 세계라 하는 것입니다."

이 논에서 "세계를 타파하였다."라고 하니, 세계가 실재하지 않음을 알 수 있다.

무착은 "이것은 이름뿐인 몸을 타파한 것이니, 실물로 이루어진 세계란 중생의 세계이기 때문이다."라고 하였다.

(4) 티끌 세계를 함께 활용하여 화합한 모습을 타파하다.

> "왜냐하면 세계가 실물로 이루어진 것이라면 곧 '하나로 합쳐진 모습'에 집착하는 것이 있겠지만, 여래께서 말씀하신 '하나로 합쳐진 모습'은 곧 어떤 실물로써 '하나로 합쳐진 모습'이 아니므로 이를 일러 '하나로 합쳐진 모습'이라 하는 것입니다."

論에 云하되

若實有一世界라면 如來 則不說三千界라하고

大雲은 云하되

若實有一界라면 冥然是一和合矣니 則不合有多差別이다.

今旣三千이라면 明非冥然一矣니

故로 約三千으로 破一界也라하며

無着은 云하되

爲並說若世界 若微塵界故로 有二種摶取이니 謂一摶取 及差別

摶取라하다.

大雲은 云하되

此明 塵衆及衆生類를 俱名世界라하다.

一合相者란 摶取爲一이니

故로 云하되 和合이라.

此一和合에 有二摶取이다.

一者는 一摶取니 卽是世界 和合爲一이다.

二는 差別摶取이다.

卽是微塵에 有衆多極微이니 名差別이라하다.

非一合者는 第一義中엔 二界無實故이다.

392

논에서 "만약 어떤 한 세계가 실제 있다면 여래께서 삼천대천세계를 말하지 않았을 것이다." 하고,

대운은 "만약 실로 어떤 한 세계가 있는 것이라면 한덩어리로 차별된 모습이 크게 없을 것이다. 지금 삼천세계라면 분명히 한 가지 모습이 아니니, 그러므로 삼천세계로 이 한 세계를 타파하는 것이다." 하며,

무착은 "세계와 미세한 티끌 세계를 한꺼번에 설하고 있으므로 두 가지 합쳐진 세계가 있으니, '일단취一摶取'와 '차별단취差別摶取'를 말한다."라고 하였다.

대운은 "많은 티끌과 중생의 무리를 다함께 세계로 부른다는 것을 밝힌다."라고 하였다.

'하나로 합쳐진 모습(一合相)'이란 뭉쳐서 하나가 된 것이니 이를 '화합'이라 한다. '하나로 합쳐진 모습'에는 두 가지가 있다. 하나는 '일단취一摶取'이니, 이는 '세계가 화합하여 하나가 된 것'이다. 또 하나는 '차별단취差別摶取'이다. 곧 미세한 티끌 속에 더 지극히 미세한 수많은 티끌이 있음을 말하니 이를 일러 '차별'이라 한다. '어떤 실물로써 하나로 합쳐진 모습이 아니다(非一合相)'라는 '제일의第一義'에는 '두 개의 세계로 나누어질 실체가 없다는 것'이다.

(5) 佛印無中妄執有

須菩提
수보리

一合相者 卽是不可說 但凡夫之人 貪着其事
일합상자 즉시불가설 단범부지인 탐착기사

論에 云하되

以彼聚集에 無物可取어늘

虛妄分別故로 云하되 妄取라.

若實有者라면 卽是正見이라하고

無着은 云하되

世諦로 說摶取나 第一義엔 不可說이거늘

彼小兒凡夫가 如言說取라하며

大雲은 云하되

執見五蘊 取其和合하니 是貪着事이다.

迷於事法하여 起煩惱矣라하다.

394

(5) 부처님께서 '없는 데도 허망하게 있다고 집착함'을 확인해 준다.

> 부처님께서 말씀하셨다.
> "수보리야, '하나로 합쳐진 모습'이란 말할 수 있는 것이 아닌데
> 도 다만 범부들이 그 현상을 탐내고 집착할 뿐이니라."

논에서는 "티끌이나 세계가 모여 이루어진 것에 취할 수 있는 어떤 것도 없거늘, 허망하게 분별하므로 이를 '허망하게 집착한다(妄取)'고 말한다. 만약 진실로 있는 것이라면 곧 이것이 정견일 것이다." 하고,

무착은 "'하나로 합쳐진 모습'이란 세간의 이치로 '단취搏取'라고 하나 '제일의第一義'에서는 말할 수 있는 것이 아니거늘, 어리석은 사람들은 말한 대로 취하여 집착한다."라고 하며,

대운은 "범부는 몸과 마음을 보고 사대로 이루어진 그 모습을 취하니, 이는 드러난 모습을 탐하여 집착하는 것이다. 드러난 현상에 미혹되어 번뇌를 일으킨다."라고 하였다.

2) 約止觀破我法 於中文二

(1) 除我執 又二

가. 遮錯解

須菩提
수보리

若人言 佛說 我見 人見 衆生見 壽者見
약인언 불설 아견 인견 중생견 수자견

須菩提 於意云何 是人 解我所說義不
수보리 어의운하 시인 해아소설의부

不也 世尊
불야 세존

是人 不解 如來所說義
시인 불해 여래소설의

나. 遣言執

何以故 世尊說 我見 人見 衆生見 壽者見
하이고 세존설 아견 인견 중생견 수자견

卽非我見 人見 衆生見 壽者見
즉비아견 인견 중생견 수자견

是名我見 人見 衆生見 壽者見
시명아견 인견 중생견 수자견

2) 지관止觀으로 아집과 법집을 타파하니 글에 두 가지가 있다.

(1) 아집을 없애는 것에 관한 글에 또 두 부분이 있다.

가. 잘못된 이해를 막아줌

> "수보리야, 만약 어떤 사람이 '부처님께서 나라는 생각, 남이라
> 는 생각, 우리 중생이라는 생각, 또는 이들 모두의 생명이 영원할
> 것이라는 생각을 말씀하셨다' 하면,
> 수보리야, 그대는 어떻게 생각하느냐? 이 사람은 내가 말한 뜻
> 을 알고 있겠느냐?"
> "그렇지 않습니다, 세존이시여. 이 사람은 여래께서 말씀하신
> 뜻을 알고 있지 못합니다."

나. 말에 대한 집착을 놓아버림

> "왜냐하면 세존께서 말씀하신 '나라는 생각, 남이라는 생각, 우
> 리 중생이라는 생각, 이들 모두의 생명이 영원할 것이라는 생각'
> 은, 곧 '나라는 생각, 남이라는 생각, 우리 중생이라는 생각, 이들
> 모두의 생명이 영원할 것이라는 생각'이 아니므로, 이를 일러
> '나라는 생각, 남이라는 생각, 우리 중생이라는 생각, 이들 모두
> 의 생명이 영원할 것이라는 생각'이라 하는 것입니다."

論에 云하되

我見은 虛妄分別이므로 佛說 卽是不見이라하며

無着은 云하되

此는 顯示如所不分別이니 云何顯示오.

如外道說我라면 如來는 說 爲我見故로 安置人無我하시고

又 爲說有此我見故로 安置法無我하시니

如是觀察하여

菩薩이 入相應三昧時 不復分別이라.

卽此觀察이 爲人方便이라하다.

(2) 除法執 文二

가. 除分別

須菩提 發阿耨多羅三藐三菩提心者
수보리 발아뇩다라삼먁삼보리심자

於一切法 應如是知 如是見 如是信解 不生法相
어일체법 응여시지 여시견 여시신해 불생법상

無着은 云하되

此는 顯示 何人無分別이고

於何法에서 不分別이며 何方便으로 不分別인고.

논에서 "아견我見은 허망한 분별이므로 부처님께서 곧 '이것은 올바른 견해가 아니다'라고 말씀한다."라고 하며,

무착은 "이 단락에서는 분별하지 않아야 함을 드러내니, 그것이 무엇인가? 만약 외도가 '나'를 내세운다면, 여래는 아견을 타파하기 위하여 인무아人無我를 말씀하신다. 또다시 이 아견이 있다고 말하면 이를 타파하기 위하여 법무아法無我를 말씀하시니, 이와 같이 보고 살펴서 보살이 '부처님의 세상과 상응하는 삼매'에 들 때 다시는 분별하는 마음이 일어나지 않는다. 이처럼 보고 살핌이 곧 부처님의 세상에 들어가는 방편이 되기 때문이다."라고 하였다.

(2) 법집을 없애는 것에 관한 글에 두 가지가 있다.

가. 분별을 제거함

> "수보리야, '더할 나위 없이 높고도 올바른 깨달음'을 얻고자 마음을 낸 사람은, 모든 법에 대해 이와 같이 알아야 하고 이와 같이 보아야 하며 이와 같이 믿고 이해하여 '법의 어떤 모습'에도 집착하는 마음을 내지 않아야 한다."

무착은 "이 단락에서는 '어떤 사람이 분별이 없고, 어떤 법에서 분별하지 않으며, 어떤 방편으로 분별하지 않는가?'를 드러낸다."

增上心 增上智故로 於無分別中 知見勝解이다.

於中 若智 依止奢摩他[1]故로 知요

依止毘鉢舍那[2]故로 見이라. 此二가 依止三摩提故로 勝解이다.

以三摩提自在故로 解內攀緣影像하니 彼名勝解라하다.

云何無分別고 此는 正顯無分別이라하다.

大雲은 云하되 前之方便은 是加行智요 今不分別은 是根本智[3]니

卽親證眞如하여 離能所取를 名不分別이라하다.

나. 顯本寂

須菩提 所言法相者 如來說 卽非法相 是名法相
수보리 소언법상자 여래설 즉비법상 시명법상

無着은 云하되

此는 顯示 法相中 不共義及相應義니 如前已說이라하다.

---

1. '사마타'란 부처님의 세상을 먼저 이해하고 나서 마음을 어떤 대상에 집중함으로써 생기는 '고요한 경계'를 취하여 점차 수행을 닦아 나가는 것이다. 이 수행을 하면 어지러운 생각들과 번거로운 알음알이들이 사라진다. 이 자리에 밝은 지혜가 생겨 나서 몸과 마음에서 일어나는 모든 번뇌들이 사라지니 그 안에서 '고요하고 편안한 마음'이 생겨난다.

2. 부처님의 세상을 먼저 이해하게 되면, 이 세상 모든 경계가 인연 따라 끊임없이 변화하는 것이기에 실체가 없는 허깨비와 같음을 알게 된다. 인연의 실체를 아는 지혜로운 마음이 허깨비와 같은 경계들을 제거하게 되면 수행자는 그 과정에서 편안하고 자비로운 마음이 생겨나게 된다. 이 힘으로 중생계의 잘못된 흐름을 부처님 세상으로 바꾸면서 고요한 마음과 밝은 지혜를 잃지 않는 이 방편을 '삼마발제 관'이라고 하고, '환관幻觀'이라 말하기도 하며 '위빠사나'라고 하기도 한다.

3. 가행지는 후득지後得智와 같은 말이다.

"뛰어난 마음과 뛰어난 지혜를 지녀 분별이 없으니 '지견이 뛰어난 것'이다. 그 가운데 '사마타(止)'를 닦아 '지知'를 이루고, '위빠사나(觀)'를 닦아 '견見'을 이루니 이것이 지혜이다. 이 두 가지는 모두 '부처님의 선정(三摩提)'을 바탕으로 하기에 '지견이 뛰어난 것'이다. '부처님의 선정'에서 자재하므로 마음속에서 반연하는 온갖 그림자를 아니, 그것을 일러 '지견이 뛰어난 것'이라고 한다. 무엇이 분별이 없는 것인가? 이는 바로 분별이 없음을 드러내는 것이다."라고 하였다.

대운은 "앞의 방편은 '가행지加行智'요 지금 분별하지 않는 것은 '근본지根本智'이니, 곧 몸소 진여를 증득하여 '증득하는 자(能取)'와 '증득할 대상(所取)'을 떠난 것 이를 일러 '분별하지 않는다'고 한다."라고 하였다.

나. 어떤 모습도 없는 본디 고요한 마음자리를 드러냄

> "수보리야, 여기서 말하는 '법의 어떤 모습'이란 여래께서 '법의 어떤 모습에도 실체가 있는 것이 아니다'라고 말씀하시니 이를 일러 '법의 어떤 모습'이라고 하느니라."

무착은 "여기서는 법의 모습에서 같지 않다는 뜻과 상응하는 뜻을 드러내니, 앞에서 이미 말한 대로다."라고 하였다.

26. 斷化身說法無福疑 斷之文二

因聞眞化 非一非異하고

意云하되

若就非一이라면 化卽唯虛假일뿐이요

若就非異라면

又唯冥合歸一하여 法身卽化身일뿐이니 終無自體이다.

若爾라면 卽所說法을 受持演說하여도 無福이라하다.

26. **화신의 설법도 복이 없을 것이 아닌가**

_ 이 의심을 끊으니 이 의심을 끊은 글에 두 부분이 있다.

진신眞身과 화신化身이 '같은 것'도 아니요 '다른 것'도 아니라는 말
을 듣고, 생각하여 말하기를 "만약 '같은 것'도 아니라면 화신은 곧
헛되고 거짓될 뿐이요, '다른 것'도 아니라면 또 모든 것이 하나 되어
법신이 곧 화신일 뿐이니 끝내 스스로의 바탕이 없다. 만약 그렇다
면 부처님께서 설하신 법을 받아 지녀 남한테 가르쳐도 복이 없다."
라고 의심하는 것이다.

1) 明說法功德

須菩提
수보리

若有人 以滿無量阿僧祇 世界七寶 持用布施
약유인 이만무량아승지 세계칠보 지용보시

若有善男子 善女人 發菩薩心者 持於此經 乃至 四句偈等
약유선남자 선여인 발보살심자 지어차경 내지 사구게등

受持讀誦 爲人演說 其福勝彼
수지독송 위인연설 기복승피

偈에 云

化身示現福이 非無無盡福이라하며

論에 云하되

雖諸佛 自然 化身作業이더라도

而彼諸佛의 化身 說法에는 有無量無盡無漏功德이라하다.

1) 설법의 공덕을 밝힘

"수보리야, 어떤 사람이 헤아릴 수 없이 많은 세계에 일곱 가지 보배를 가득 채워 남에게 베풀더라도, 선남자 선여인이 보살의 마음을 내어 이 경이나 이 가르침 속에 있는 네 구절의 게송만이라도 받아 지녀 읽고 외우면서 다른 사람을 위하여 그 뜻을 일러 준다면, 이 복덕이 일곱 가지 보배로 베푼 복덕보다도 훨씬 더 뛰어날 것이니라."

게송에서 "화신이 드러내 보여주는 복덕에 무진복無盡福이 없는 것은 아니다." 하고,

논에서는 "모든 부처님께서 자연스럽게 화신의 모습으로 살아가더라도, 그 모든 화신 부처님의 설법에는 헤아릴 수도 없고 그 끝이 없는 무루無漏의 공덕이 있다."라고 하였다.

2) 明說法不染

云何 爲人演說
운하 위인연설

不取於相 如如不動
불 취 어 상 여 여 부 동

無着은 云하되

爲說法無染故로 以有如是大利益이니

故로 決定演說이라.

如是演說이 卽無所染이다.

云何演說等者는 顯示不可言說故이다.

若異此者라면

則爲染說이니 以顚倒義故때문이다.

又云하되

說時 不求信敬等도 亦爲無染說法이라하다.

大雲은 云하되

若能不以生滅心行으로 說實相法하면

卽如彼眞如故로 曰 如如라하고 又 心如境如故로 曰 如如라하다.

不動者는 則無染義라하다.

406

2) 법을 설함에 오염되지 않는 방법을 밝힘

> "어떻게 다른 사람을 위하여 그 뜻을 일러 줄 것인가?
> 어떤 모습도 취하지 않아야 본디 마음이 여여하여 흔들리지 않
> 나니"

무착은 "번뇌에 물들지 않은 마음으로 설법하여 마음이 흔들리지 않으므로 이러한 큰 이익이 있으니, 반드시 부처님의 가르침을 일러주어야 한다. 이와 같이 그 뜻을 일러주는 것이 곧 시비분별하는 마음이 없는 것이다. '어떻게 그 뜻을 일러 줄 것인가?……' 등은 언설로 표현할 수 있는 것이 아님을 드러내 보여주는 것이다. 만약 이 내용과 다르다면 시비분별하는 마음으로 설법하는 것이니 전도된 뜻이기 때문이다." 하고, 또 말하기를 "법을 설할 때 믿고 공경해 줄 것을 바라지 않는 것도 오염된 마음이 없이 법을 설하는 것이다." 라고 하였다.

대운은 "만약 생멸하는 마음으로 실상의 법을 설하지 않는다면 곧 진여와 같은 것이므로 여여라 하고, 또 마음도 여여하고 경계도 여여하므로 여여라고 한다. '흔들리지 않는 마음(不動)'이란 번뇌로 물들지 않았다는 뜻이다." 라고 하였다.

27. 斷入寂如何說法疑

論에 云하되

若諸佛如來 常爲衆生說法하면

云何言 如來入涅槃고하다.

何以故
하 이 고

一切有爲法　如夢幻泡影
일 체 유 위 법　여 몽 환 포 영

如露亦如電　應作如是觀
여 로 역 여 전　응 작 여 시 관

釋此文爲三

一 約兩論 釋魏本中九喩

二 約諸經論 顯諸虛假喩之大意

三 會通秦譯經本

27. 고요한 마음자리에 들면 어떻게 법을 설할 수 있는가

_ 이 의심을 끊어준다.

논에서 "모든 부처님 여래께서 항상 중생을 위하여 법을 설하신다면, 어떻게 여래께서 열반에 들어간다 하는가?"라고 의심하여 말하였다.

무엇 때문이겠느냐? 게송으로 말하겠다.

집착하는 모든 현실 꿈과 같으며
그림자나 허깨비와 물거품 같고
아침 이슬, 번개처럼 사라지는 것
이와 같은 그 실상을 보아야 한다.

이 글을 풀이하는 것에 세 가지가 있다.

1) 세친과 무착의 논을 가지고 위나라 금강경 번역본 가운데 아홉 가지 비유를 풀이하다.

2) 모든 경론으로 온갖 헛된 임시 비유의 대의를 드러내다.

3) 진나라의 금강경 번역본을 회통하다.

1) 約兩論 釋魏本中九喩 於中文二

初中魏本九喩經에 云하되

一切有爲法

如星翳燈幻

露泡夢電雲

應作如是觀이라하다.

(1) 約本論斷疑

偈에 云하되

非有爲非離 諸如來涅槃이니

九種有爲法을 妙智正觀故라하고

論에 云하되

諸佛得涅槃하여 化身說法故로

非有爲며 非離有爲이다.

何故로 示現世間하고 而不住有爲오.

由妙智로 正觀 有爲 如九喩虛假故라하다.

410

1) 세친과 무착의 논을 가지고 위나라 금강경 번역본 가운데 아홉 가지 비유를
   풀이하니 내용을 두 가지로 나누어 볼 수 있다.

위나라 번역에서는 아홉 가지 비유를 들어 말하기를,
"집착하는 모든 현실은
별, 눈병, 등불, 허깨비,
이슬, 거품, 꿈, 번개, 구름과 같으니
이와 같이 그 실상을 보아야 한다."라고 하였다.

(1) 세친의 논으로 의심을 끊다.

게송에서 "집착하는 현실도 아니요 그것을 떠난 것도 아닌 것이
모든 여래의 열반이니, 아홉 종류의 유위법을 오묘한 지혜로 바르
게 보아야 한다." 하고,

논에서 "모든 부처님께서 열반을 얻어 화신으로 법을 말하므로 유
위법도 아니며 이 법을 떠난 것도 아니다. 무엇 때문에 세간의 모습
을 드러내 보이시고 유위법에 머물지 않는 것인가? 오묘한 지혜로
말미암아 유위법이 아홉 비유처럼 헛된 거짓임을 바르게 보기 때문
이다."라고 하였다.

(2) 兼無着釋相 於中文四

無着은 云하되

此偈는 顯示四有爲相이라하다.

가. 自性相 於中文三

此見相二 用識爲體하는 生死根本故이다.[1]

가) 星

星喩能見分이니

無着은 云하되

無智闇中 有彼光故요 有智明中 無彼光故라하다.

나) 翳

翳[2]喩所見分이니 論에 云하되

如人目有翳 則見毛輪等色처럼

觀有爲法도 亦爾하니 以顚倒見故라하다.

無着은 云하되

人法我見이 如翳하여 以取無義故라하다.

---

1. 상相은 사물을 인식할 때에 주관적으로 마음에 떠오르는 모습이다. 견見은 객관의
   사물을 인식하기에 적합하도록 주관에 나타나는 영상인 상相을 인식하는 작용이
   다. 식識은 견見이 인식한 것을 분별하여 알아차리는 것이다.
2. '예翳'는 눈의 검은자위에 작은 점 모양의 혼탁한 물체가 생겨 눈병이 난 것이다.
   이 눈병이 있는 사람은 눈앞에 까만 점, 실, 먼지 모양등의 어른거리는 검은 물체가
   있는 것처럼 느끼게 된다. 그러나 이는 실체가 없는 헛것이다.

⑵ 무착은 유위법의 모습을 풀이하니 글에 네 가지 모습이 있다.

무착은

"이 게송에는 유위의 네 가지 모습을 드러낸다."라고 하였다.

가. '자기 성품의 모습'이니 세 가지로 되어 있다.

유위법에서 '자기 성품의 모습(自性相)'은 '상相'과 '견見' 이 두 가지
가 알음알이를 활용하여 바탕이 된 생사의 근본이다.

가) 별

별은 '인식하는 주체(能見分)'를 비유한 것이니, 무착은 "지혜가 없
는 깜깜한 암흑 속에서 깜빡깜빡하는 별빛이 있는 것이요, 지혜가
있는 환한 밝음 속에는 깜빡깜빡하는 알음알이를 일으키는 별빛이
없기 때문이다."라고 하였다.

나) 눈병

'눈병으로 보는 대상'을 '인식하는 대상(所見分)'에 비유한 것이니,
논에서는 "사람에게 눈병이 있으면 마치 헛것을 보는 것처럼, 유위
법을 보는 것도 헛것을 보는 것이니, 전도된 견해이기 때문이다."라
고 하였다.

무착은 "자신과 법에 집착하여 보는 '아견我見'은 눈병과도 같아서,
이런 견해에 집착하는 것은 아무런 의미가 없다."라고 하였다.

다) 燈

燈喩識이니

燈約膏油 相續不絶이듯

識依貪愛하여 生死無休때문이다.

나. 着所住味相

論에 云하되

幻은 喩所依住處니

以器世間種種差別이 無一體實故라하다.

無着은 云하되 味着顚倒境故라하다.

大雲은 云하되

幻出城郭誑人은

識變山河不實이라하다.

다. 隨順過失相 於中文二

身及受用이 是過失也이요

觀此無常을 是名隨順이라하다.

又 解云하되

隨順身受 卽是過失이라하다.

다) 등불

등불은 '식識'을 비유한 것이니, 등불에 기름이 끊이지 않고 공급되어야 하듯, '식識'도 탐욕과 애욕이라는 기름으로 생사를 쉬지 않고 일으키기 때문이다.

나. 머물 곳에 맛 들여 집착하는 모습이다.

논에서 "허깨비란 의지하여 머물 곳을 비유한 것이니, 이 세상의 온갖 모습들의 바탕에 그 어떤 실체도 없기 때문이다."라고 하였다.

무착은 "전도된 헛된 경계에 맛 들여 집착하기 때문이다."라고 하였다.

대운은 "성곽이 허깨비처럼 나타나 사람을 속인 것은, 알음알이가 산과 강으로 변하여 나타난 모습이어서 실답지 않은 것이다."라고 하였다.

다. 이치에 수순하는 모습과 잘못된 모습이니, 그 모습에 두 가지가 있다.

몸과 대상에 대한 자각 없이 행동하며 사는 것은 잘못된 모습이요, 몸과 대상을 관하여 무상을 깨닫고 늘 깨어있는 마음으로 사는 것은 이치에 따르는 것이다. 또 풀이하여 말하기를 "몸과 대상에 대한 자각 없이 행동하며 사는 것을 믿고 따르는 게 '잘못된 모습'이다."라고 하였다.

가) 露

露喩身이니 論에 云하되 身亦如是하여 少時住故라하다.

나) 泡

泡喩受用事니

論에 云하되

所受用事도 亦復亦是니 以受想因三法[1]이 不定故라하다.

無着은 云하되

顯示隨順苦體니 以受如泡故라하다.

功德施에 云하되

觀察 受如水上泡처럼

或始生未成體거나 或纔生暫停住하다가 卽歸散滅이라하다.

라. 隨順出離相 於中文三

無着은 云하되

隨順人法無我하니 故得出離라하다.

---

1. '수受'는 바깥의 경계를 받아들이는 마음작용이다. 이 '수受'로 받아들인 경계에 이전의 경험을 바탕으로 어떤 모습을 그려낸 마음작용이 '상想'이다. 여기서 말하는 촉은 인식 기관인 안이비설신의眼耳鼻舌身意 육근六根과 그 대상인 색성향미촉법色聲香味觸法 육경六境, 그리고 인식 기관의 인식 능력인 육식六識이 만나서 인식이 성립됨을 가리키고 있다. 그리고 촉이 있으면 반드시 그 촉에 대한 느낌, 즉 감수 작용感受作用이 수반된다.

가) 이슬

이슬은 몸에 비유한 것이니, 논에서 "몸 또한 이와 같아서 잠시 머물다 사라진다."라고 하였다.

나) 거품

거품은 대상을 받아들이는 인식작용에 비유한 것이니, 논에서는 "몸에서 대상을 받아들이는 인식작용도 이와 같으니, '수受'와 '상想', 수受의 원인이 되는 '촉觸' 이 세 가지 법이 어떤 실체로 결정되어 있지 않기 때문이다."라고 하였다.

무착은 "고통을 일으키는 근본을 따르고 있음을 드러낸 것이니, '수受'가 물거품 같기 때문이다."라고 하였다.

『공덕시론』에서 "'수受'는 물위의 거품처럼 혹 생겨나더라도 형체가 만들어지기 전이거나 혹 형체가 생겨나도 잠시 머물다 흩어져 없어지는 것이니 이것을 관찰해야 한다."라고 하였다.

라. 집착 벗어남을 따라가는 모습이니 글에 세 가지가 있다.

무착은 "자신과 남에게 '내 것이라 할 게 없다'라는 이치를 따르니, 그러므로 모든 집착에서 벗어난다."라고 하였다.

가) 夢

夢은 喩過去니

無着은 云하되

彼過去行은 以所念故로 如夢이라하다.

新論[1]에 云하되

應觀 過去所有集造는 同於夢境이니 但唯念性故라하다.

功德施에 云하되

觀察作者가 如夢中에 隨先見聞憶念分別熏習住故처럼

雖無作者라도

種種境界 分明現前해야하니라.

如是衆生은 無始時來로 有諸煩惱善不善業 熏習而住이다.

雖無我 是能作者나 而現無涯生死等事라하다.

나) 電

電喩現在니

論에 云하되 以刹那不住故라하다.

功德施에 云하되 觀察心如電이어 生時卽滅이라하다.

---

1. 무착의 송에 세친이 풀이를 한『능단금강반야바라밀다경론석』을 말한다. 의정義
  淨이 번역하였다.

가) 꿈

꿈은 과거를 비유한 것이니,
무착은 "과거의 행적은 생각뿐이므로 꿈과 같다."라고 하였다.

『신론』에서 "과거에 이루어진 모든 것이 꿈의 경계와 같은 것임을 보아야 하니, 이는 오직 생각의 성품이 그러하기 때문이다."라고 하였다.

『공덕시론』에서 "꿈을 꾸는 사람이 꿈속에서 이미 익힌, 보고 듣고 기억하며 분별하는 습관에 따라 머물고 있는 것처럼, 꿈속에서 꿈을 꾸는 사람이 없더라도 온갖 경계가 분명히 눈앞에 드러나고 있음을 관찰해야 한다. 이와 같이 중생은 시작을 알 수 없는 때로부터 온갖 번뇌로서 선善과 불선不善의 업이 익어진 대로만 살아가고 있는 것이다. 꿈속에서 비록 실제 '나'란 꿈을 꾸는 사람이 없더라도, 꿈속에서 허깨비와 같은 '나'란 주체가 있어 끝없는 생사의 일을 나타내는 것이다."라고 하였다.

나) 번개

번개는 현재에 비유한 것이니,
논에서 "찰나도 머물지 않기 때문이다."라고 하였다.
『공덕시론』에서는 "마음이 번개와 같아 생길 때 곧 멸하는 것임을 관찰해야 한다."라고 하였다.

다) 雲

雲은 喩未來니 論에 云하되

以於子時에 阿梨耶識이 與一切法爲種子根本이라하다.

無着은 云하되

彼麤惡種子가 似虛空처럼 引心出故로 如雲이라하며

又云하되

如是知三世行하면 則達無我니 此는 顯示隨順出離相이라하다.

大雲은 云하되

過未無體하고 現又不住라면 則三世空이어 達無我矣라하다.

2) 約諸經論 顯諸虛假喩之大意

佛이 說一切法空하시니

疑云하되

云何現見一切境界오하니 故로 說 如幻이다.

幻法雖無라도 分明可見때문이다.

又 疑云하되

幻法既無라면 人何愛着고하니 故로 說 如陽燄이다.

渴鹿은 謂之爲水라하여 愛着奔趣때문이다.

420

다) 구름

구름은 미래를 비유한 것이니, 논에서 "깜깜한 암흑 속에서 아뢰야식이 모든 법의 종자로서 근본이 된다."라고 하였다.

무착은 "저 거칠고 나쁜 종자가 중생의 마음을 이끌어 내니 허공 속의 먹장구름 같다."라고 하며, 또 "이처럼 과거 현재 미래의 무상한 흐름을 알면 무아를 통달하니, 이는 '집착 벗어남을 따라가는 모습'을 드러내는 것이다."라고 하였다.

대운은 "과거가 실체가 없고 현재 또한 머물지 않는다면, 과거 현재 미래가 '공'이어서 무아를 통달한다."라고 하였다.

2) 모든 경론을 통하여 온갖 허망한 방편적 비유의 대의를 밝히다.

부처님께서 온갖 법이 공이라고 말씀하시니, 의심하여 "그런데 어떻게 온갖 경계를 볼 수 있는가?"라고 말하니, 그러므로 "온갖 경계가 허깨비 같다."라고 말한다. 허깨비가 없는 것이라고 하더라도, 홀린 사람은 분명히 볼 수 있기 때문이다.

또 의심하여 "허깨비가 없는 것이라면 사람들이 왜 좋아하고 집착하는가?"라고 하니, 그러므로 "아지랑이와 같기 때문이다."라고 말한다. 목마른 사슴은 아지랑이를 물이라 여겨 좋아하고 집착하여 그쪽으로 달려가기 때문이다.

又 疑云하되

渴鹿이 畢竟不得水인데 貪者 如何皆得受用고하니

故로 說 如夢이다. 夢中所見도 亦得受用때문이다.

又 疑云하되

夢造善惡해도 寤無業報이고

夢打尊長해도 寤無憂懼라하니 故로 說하되 如影如響이다.

雖全無體라도

明鏡對色 空谷對聲에 妍媸高低 一一皆應하되

必無雜亂하고 必無參差이다.

又 疑云하되

若都無實이라면

菩薩은 何以作利樂事이오하니

故로 說하되 如化이다.

謂變化者는 雖知不實이더라도 而作化事때문이다.

또 의심하여 "목마른 사슴은 끝내 물을 얻지 못하는데, 탐내는 사람이 어떻게 받아쓸 수 있겠는가?" 하니, 그러므로 '꿈같은 것'이라 말한다. 꿈속에서는 본 것 또한 받아쓸 수 있기 때문이다.

또 의심하여 "꿈에 선악의 업을 지어도 깨서는 그 업보가 없고, 꿈에 어른에게 행패를 부려도 깨서는 근심걱정이 없다."라고 하니, 그러므로 "그림자 같고 메아리 같다."라고 한다. 전혀 그 실체가 없더라도, 밝은 거울과 빈 골짜기는 밉고 고운 모습이나 높고 낮은 소리에 빠짐없이 상응하되 절대로 뒤섞이지 않고 조금도 오차가 없다.

또 의심하여 "전혀 실체가 없다면 보살은 왜 중생에게 이롭고 즐거운 일을 하는가?"라고 하니, 그러므로 허깨비와 같은 일이라고 말한다. 수시로 변하고 있는 '허깨비와 같은 일'이라 하는 것은, 허깨비가 그 모습의 실체가 아님을 알더라도 허깨비와 같은 모습을 계속 만들어나가기 때문이다.

3) 會通秦譯經本

夢幻泡影은 空理全彰하고
露電二喩는 無常足顯하다.

悟眞空則 不住諸相이요
觀生滅則 警策修行이다.

妙符破相之宗하고
巧示忘情之觀일새니라.

略者는
良以星燈은 有體하고 雲種은 含生이기에
恐難契空心하여 潛滋相想이니
取意譯之가 妙在玆焉이다.

424

꿈, 허깨비, 물거품, 그림자는 공의 이치를 완전히 드러내고
이슬, 번개 두 가지 비유는 무상의 이치를 충분히 드러낸다.

진공을 깨달으면 온갖 모습에 집착하지 않을 것이요
생멸의 무상을 보게 되면 수행에 더욱 힘을 쓸 것이다.

오묘하게 상을 타파하는 종지에 부합하고
알음알이를 잊는 관법을 훌륭히 보여준다.

진나라 금강경 번역본에서 위의 아홉 가지 비유 가운데 세 가지를
생략한 것은, 읽는 사람들이 혹시 별과 등불을 참으로 실체가 있는
것처럼 생각할 수도 있고 또한 구름과 종자도 중생처럼 생멸하듯
보이기에, 마음이 공空인 도리와 하나 되기 어렵고 오히려 은근히
상상력만 커질까 걱정하여 그 뜻이 분명한 비유만을 택하여 번역한
오묘한 도리가 여기에 있다.

流通分

第三 流通分

佛說是經已
불설시경이

長老須菩提 及諸比丘 比丘尼 優婆塞 優婆夷 一切世間
장로수보리 급제비구 비구니 우바새 우바이 일체세간

天人 阿修羅 聞佛所說 皆大歡喜 信受奉行
천인 아수라 문불소설 개대환희 신수봉행

尼者 此云 女也이다.

優婆塞는 此云 近事男이요

優婆夷는 此云 近事女니

親近比丘比丘尼하여 而承事故 때문이다.

阿修羅는 此云 非天이다.

皆大等者는 文殊所問經에 云하되

有三種義하여 歡喜奉行하다. 一은 說者 淸淨이니 不爲取着利養所
染이요 二는 所說 淸淨이니 以如實知法體이며 三은 得果淸淨이니 以
得淨妙境界라하다.

426

경전을 널리 유통시키기를 권하다

경문을 풀이함에 있어 마지막 세 번째 부분은 유통분이다.

> 부처님께서 이 경전을 설해 마치시니, 장로 수보리와 모든 비구,
> 비구니, 우바새, 우바이들, 온갖 세간에 있는 하늘의 신들과 인
> 간, 아수라 등이 부처님의 가르침을 듣고 모두 크게 기뻐하며
> 이를 믿고 받들어 실천하였습니다.

'니尼'란 여자란 뜻이다. '우바새'는 '가까이서 섬기는 남자'를 말하
는 것이요, '우바이'는 '가까이서 섬기는 여자'를 말하니, 비구 비구
니를 몸소 가까이하고 삼보를 받들어 섬기기 때문이다.

'아수라'는 하늘에 살지만 착한 천인은 아니다.

"모두 크게 기뻐하며 믿고 받들어 실천하였다.(皆大等)"는 『문수소
문경』에서 풀이하기를 "세 가지 뜻이 있어 '환희봉행歡喜奉行'한
다. 첫째는 법을 설하는 사람이 청정하니, 이양에 집착하여 오염된
것이 아니기 때문이요, 둘째는 설한 법이 청정하니 실답게 법의 바
탕을 알기 때문이며, 셋째는 깨달음이 청정한 것이니 맑고 오묘한
경계를 얻었기 때문이다."라고 하였다.

無着은 云하되

若聞如是義하고 於大乘無覺이면

我念過於石이니 究竟無因故라하다.

天親은 云하다.

諸佛希有總持法

不可稱揚深句義나

從尊者聞及廣說하니

廻此福德施群生이라.

大雲은 云하되

大聖說經에 妙理斯畢하니 二空圓極이어 四衆奉行이라하다.

肇가 云하되

同聽齊悟하여 法喜蕩心하니

服翫遵式하며 永崇不朽라하다.

資聖 云하되

般若深經은 三世佛母이니

聞經四句에 以超惡趣之因이고

一念淨持에 必獲菩提之記라.

故로 人天異類가 莫不奉行이라하다.

무착은 "만약 이와 같은 가르침을 듣고서도 대승을 공부한 소득이 없다면 돌보다 더 미련한 사람이니 끝내 깨달을 길이 없다."라고 하였다.

세친은 게송으로 말하였다.
"모든 이치 들어 있는 부처님의 희유한 법
그 깊은 뜻 헤아릴 수 있는 것이 아니지만
부처님께 들은 법문 널리 널리 설파하니
이 복덕을 회향하여 중생한테 베풀리라."

대운은 "부처님께서 경을 설하며 오묘한 이치를 다 마치니, 아공 법공이 지극히 오롯하여 사부대중이 받들어 실천한다."라고 말하였다.

승조 법사는 "같이 법문 듣고 함께 깨달아 법의 기쁨에 마음이 열리니, 이 법을 지니고 즐기며 따르면서 영원토록 숭상하여 잊지 않았다."라고 하였다.

자성은 "반야의 깊은 뜻이 담긴 이 경은 과거 현재 미래 모든 부처님의 어머니이니, 이 경의 사구四句 가르침을 들으면 악도에서 벗어날 인연이 되고, 한 생각 맑게 지니면 반드시 깨달음의 수기를 받게 되리라. 그러므로 인천의 온갖 중생이 이 가르침을 받들어 행하지 않는 이가 없다."라고 하였다.

부록

圭峰密禪師疏論纂要幷序

鏡心本淨하고 像色元空이라

夢識無初어늘 物境成有하니

由是로

惑業襲習이고

報應綸輪하여

塵沙劫波에 莫之遏絶이네.

함허설의

心也者란

沖虛妙粹 炳煥靈明하니

如彼古鏡 體自虛明 瑩徹無礙라.

妙絶名相之端하고 淨無能所之跡이니

故로 云하되 鏡心本淨이라하다.

內而根身 外而器界를 皆謂之像色이라하니

阿賴耶識 一念之妄이 變起根身器界라.

若離妄念하면 卽無一切境界之相이니

故로 云하되 像色元空이라하다.

夢識은

只因不覺而有일뿐이다.

心若常覺이면 夢識이 無由現發이니

故로 云하되 夢識無初라하다.

不覺心動을 名爲覺明이라하니

因明起照하여 見分이 俄興하고

由照立塵하여 相分이 妄布하다.

於是에 根身이 頓起하고 世界成差하니

故로 云하되 物境이 成有라하다.

根身旣興하고 世界已成에

根塵¹相對하고 識風相鼓하여

鎖眞覺於夢宅하며 瞥智眼於風塵하다.

沈迷三界²之中 匍匐九居³之內하며

生死循環 無有窮已니

故로 云하되

由是로

惑業襲習하고 報應綸輪하여 塵沙劫波에 莫之遏絶이라하다.

---

1. '근진根塵'은 안이비설신의眼耳鼻舌身意의 '육근'과 색성향미촉법色聲香味觸法의 '육진'을 말한다. 육진은 '육경六境'이라 말하기도 한다.

2. 삼계三界는 우리 중생들이 사는 세상을 셋으로 나눈 욕계欲界·색계色界·무색계無色界를 말한다. '욕계'는 음욕淫欲이나 식욕食欲과 같은 세속의 욕망을 품고 사는 중생들의 세계이다. '색계'는 음욕과 식욕을 벗어나 맑고 깨끗한 모습만 가지고 사는 중생들의 세계이다. '무색계'는 욕망이나 물질로 이루어진 세계가 아니고 오직 수受·상想·행行·식識 네 마음만 남아 있는 세상이다. 모든 집착이 떨어졌지만 아직 미세망상이 남아 있는 곳이다.

3. 구거九居는 중생들이 거주하는 아홉 가지 세계를 말한다. 욕계欲界의 인천人天, 범중천梵衆天, 극광정천極光淨天, 변정천遍淨天, 무상천無想天, 공무변처空無邊處, 식무변처識無邊處, 무소유처無所有處, 비상비비상처非想非非想處를 말한다.

故로

我滿淨覺者 現相人中하여

先說生滅因緣하고

令悟苦集滅道[1]케하니

旣除我執이나

未達法空이어

欲盡病根하려 方談般若하다.

心境齊泯이면

卽是眞心이요

垢淨雙亡이면

一切淸淨이도다.

---

1. 중생의 고통과 그 원인을 밝혀 수행을 통하여 고통의 원인을 제거하고 부처님 세상으로 들어가게 만드는 '네 가지 진리'라고 하여 '사제四諦'라고 한다. '고苦'는 중생의 고통으로서 사고四苦나 팔고八苦로 분류되기도 한다. '집集'은 고통의 원인으로서 '나'라는 집착의 욕망이 모여 온갖 고통을 가져온다. '멸滅'은 중생의 고통이 다 사라져서 편안해진 마음자리이니, '깨달음'이나 '열반'을 의미한다. '도道'는 중생의 고통을 가져오는 '나'라는 집착을 없애기 위하여 올바른 길로 나아가는 수행방편이니, 보통 여덟 가지가 있다고 하여 팔정도八正道로 말하기도 한다.

三千瑞煥하여

十六會彰하니

今之所傳은 卽第九分이로다.

句偈隱略하고

旨趣深微하여

慧徹三空하고

檀[1]含萬行이다.

住一十八處하며 密示階差하고

斷二十七疑하여 潛通血脈하니

不先遣遣이면

曷契如如리오.

---

1. '단檀'은 보시를 말한다. '단'은 범어 'dāna'의 음사이며 '보시'는 'dāna'의 의역이다. 부처님 시대부터 있었던 수행방법인데 자비로운 마음으로 다른 사람에게 복덕과 이익을 베푼다는 뜻을 갖고 있다.

故로

雖策修하더라도 始終無相이다.

由斯로 教理皆密하고

行果俱玄하니

致使口諷牛毛나

心通麟角이다.

或配入名相이기에

着事乖宗하고

或但云一眞하기에

望源迷派하니

其餘胸談臆注야 不足論矣로다.

河沙珍寶

三時身命

喩所不及이

豈徒然哉아.

且天親無着은 師補處尊인데

後學은 何疑하여 或添或棄아.

故今所述은

不攻異端이요

疏是論文이니 乳非城內이다.

纂要名意와 及經題目은

次下卽釋하니 無煩預云하리라.

稽首牟尼大覺尊

能開般若三空句

發起流通諸上士하니

冥資所述契群機케하소서.

찾아보기

규봉 스님 금강경

금강경오가해설의

초판 발행 | 2013년 3월 6일
초판 2쇄 | 2014년 6월 1일
펴낸이 | 열린마음
역해 | 원순

펴낸곳 | 도서출판 법공양
등록 | 1999년 2월 2일 · 제1-a2441
주소 | 110-170 서울시 종로구 수송동
두산위브파빌리온 836호
전화 | 02-734-9428
팩스 | 02-6008-7024
이메일 | dharmabooks@chol.com

ISBN 978-89-89602-59-0
ISBN 978-89-89602-49-1(전6권)

값 25,000원

부처님의 가르침을 올바르게 _ 도서출판 법공양